Landa & Co.

Mit allen Sinnen

BASTELN · SPIELEN · DIE SINNE ENTDECKEN

Mit allen Sinnen

Basteln und spielen –
und dabei noch lernen.
Das macht allen Kindern Spaß.
Zu Hause, im Kindergarten,
in der Schule.
Ein gutes Anleitungsbuch
gehört dazu.

Seit mehr als 30 Jahren
steht Christophorus für
praxisbezogene Literatur
zur kreativen Freizeit.
Genauso wie dieser Band
ist jeder Titel aus dem
Christophorus-Verlag
mit viel Sorgfalt
erarbeitet. Das erklärt,
warum unsere Bücher
jährlich so vielen
zufriedenen Lesern
so viel Spaß bringen.

CHRISTOPHORUS

BÜCHER MIT IDEEN

Landa & Co.

Mit allen Sinnen

BASTELN · SPIELEN · DIE SINNE ENTDECKEN

CHRISTOPHORUS

INHALT

Riechen & Schmecken 60

Tasten & Fühlen 80

VORWORT

Die Welt der Sinne

Alles, was wir wahrnehmen und erkennen, nehmen wir über die Sinne auf. Mit Hilfe der Sinne lernen wir die Welt und die anderen Menschen kennen und uns selbst als Individuum begreifen. Nichts, was nicht zuvor den Weg über die Sinne gegangen ist, kann in den Geist gelangen.

Wie viele Sinne hat der Mensch? Üblicherweise sprechen wir von fünf Sinnen: vom Sehen und Hören, vom Riechen und Schmecken sowie vom Tasten. Doch wir nehmen auch Wärme und Kälte wahr und empfinden Schmerz, wir können das Gleichgewicht halten, und wir haben einen „inneren Spürsinn", der uns den eigenen Körper selbst bei Stille und Dunkelheit empfinden läßt.

Allen Sinnen gemeinsam ist, daß sie uns In-formationen über die Umwelt liefern und sie „sinnvoll" interpretieren. Komplizierte Prozesse in den Sinnesorganen und im Gehirn, die un-bewußt und automatisch ablaufen, lassen uns Bilder und Töne, Gerüche und Berührungen wahrnehmen.

Die Verschiedenheit der Sinne

Die Sinne sind miteinander verwoben. Sie liefern verschiedene Aspekte ein und derselben Sache. Zum Beispiel können wir einen Apfel sehen, betasten, riechen, schmecken und sogar – indirekt – hören, wenn wir hineinbeißen. Doch auf seine Weise ist jeder Sinn einzigartig. Jeder bringt besondere Leistungen:

• Sehen, Hören und Riechen sind Fernsinne. Sie greifen über die unmittelbare Umgebung hinaus. Nahsinne wie Schmecken und Tasten melden Reize, die direkt eintreffen.

• Der Tastsinn und der Hörsinn sind mechani-sche Sinne. Ihre Arbeit wird durch mechanischen Druck auf die Sinneszellen ausgelöst: Beim Tasten entstehen durch Berührungen Einbuch-tungen auf der Haut. Beim Hören entstehen durch Druckwellen in der Luft Einbuchtungen auf dem Trommelfell.

Der Geruchssinn und der Geschmackssinn sind chemische Sinne. Sie werden aktiv, wenn sich Duft- oder Geschmacksmoleküle von den Dingen lösen und chemische Reaktionen in der Nase oder auf der Zunge einleiten.

Der Gesichtssinn schließlich ist ein elektro-magnetischer Sinn. Er reagiert auf bestimmte elektromagnetische Strahlen, nämlich auf sicht-bares Licht.

• Manche Sinne brauchen Übertragungsmedien. Ohne Luft, die Schallwellen leitet und Düfte transportiert, hören und riechen wir nichts. Ohne Speichelflüssigkeit im Mund können wir nichts schmecken.

Der Tastsinn hingegen funktioniert durch direkte Berührung ohne äußeren Vermittler.

Und der Sehsinn ermöglicht es uns, durch weite, leere Räume hindurch ferne Dinge wahr-zunehmen.

Der Wert der Sinne

Die meisten Menschen schätzen den Gesichtssinn am höchsten ein. Ein Versinken in bild- und blicklose Dunkelheit kommt uns wohl schwerer erträglich vor als ein Leben in einer schalltoten Welt.

In der Tat liefert der Gesichtssinn – technisch gesprochen – mehr Informationseinheiten als alle anderen Sinne zusammen. Dennoch scheint der Gehörssinn in mancher Hinsicht bedeutsamer zu sein – vor allem, weil er die gewohnte, auf

Sprache beruhende Kommunikation ermöglicht. Ohne Sprache — ersatzweise als Gebärdensprache oder Geschriebenes — verkümmern Kinder geistig und seelisch.

Zumindest haben wir für den Ausfall des Sehens und Hörens — und gleichermaßen des Tastens — eigene Bezeichnungen: Blindheit und Taubheit. Im Vergleich dazu scheinen Geruch und Geschmack weniger wichtig zu sein. Für den Ausfall dieser Sinnesleistungen fehlen entsprechende Ausdrücke.

Die Sinne als Filter

Wenngleich uns die Sinne über die Welt informieren, zeigen sie uns doch nur einen Ausschnitt der Wirklichkeit. Was wir als Menschen zum Überleben nicht wissen müssen, wird „rausgefiltert".

Dies wird zum einen klar, wenn man an die erstaunlichen Sinnesleistungen von anderen Lebewesen denkt. So ist zum Beispiel die Geruchswelt eines Hundes unendlich reicher als die menschliche Duftwelt.

Zum anderen verfügen manche Tiere über Sinne, die uns vollkommen fremd sind. Delphine etwa können mit einer Art Echolot in einen Körper „hineinhorchen" und sich so ein „Röntgenbild" dieses Körpers machen.

Drittens lassen sich manche Dinge unserer Welt nur über technische Geräte erfahren. Beispielsweise sind Lichtstrahlen die einzigen elektromagnetischen Strahlen, die wir wahrnehmen. Strahlen anderer Wellenlängen wie radioaktive Strahlen oder Funkwellen sind genauso „wirklich" wie das Licht. Aber für sie haben wir keinen (biologischen) Sinn.

Die Sinne als Gestalter

Unsere Sinne liefern uns auch noch aus einem anderen Grund kein objektives Abbild der Umwelt.

Sämtliche Reize, die von den Sinnesorganen aufgefangen werden, sind wertlos, solange das Gehirn sie nicht sinnvoll verarbeitet. Und für das Gehirn sind nur elektrische Signale verständlich.

Die Sinneszellen in Auge und Ohr, Nase und Haut übersetzen die Reize in elektrische Signalfolgen, die dann über Nervenbündel an das Gehirn weitergeleitet werden. Das Nervensystem schickt keine Bilder, Klänge oder Gerüche an das Gehirn. Erst das Gehirn formt die leuchtende, klingende und duftende Welt.

Strenggenommen, befinden wir uns ständig in einem Gewitter elektromagnetischer, chemischer und mechanischer Reize, die auf bestimmte Sinneszellen einwirken und in Nervenimpulse übersetzt werden. Doch das „Klicken" der Nerven bleibt solange bedeutungslos, bis es vom menschlichen Geist in sinnliche und sinnvolle Empfindungen verwandelt wird.

Schulung der Sinne

Sinne und Gehirn nehmen nicht nur wahr, sie formen und gestalten. Was wir wahrnehmen, ist eine Schöpfung unseres Geistes, nämlich das gefilterte und umgestaltete Endprodukt komplizierter mechanischer, chemischer und elektrischer Vorgänge. So kann man sagen, daß unser Gehirn unser wichtigstes Sinnesorgan ist. Die menschlichen Sinnesapparate sind im wesentlichen gleich aufgebaut; somit haben wir auch alle an der gleichen Sinneswelt teil. Wir können uns austauschen über das, was wir sehen, hören und fühlen, was wir riechen und schmecken.

Wir sind aber auch Individuen mit verschiedenen körperlichen und geistigen Fähigkeiten, mit verschiedenen Erfahrungen und Vorlieben. So verfügt jeder einzelne Mensch gleichzeitig über eine ganz persönliche sinnliche Wirklichkeit.

Ob diese Wahrnehmungswelt differenziert oder einfach, reich oder dürftig ist, darüber entscheiden nicht nur Talente, sondern auch Erziehung und Schulung.

Das Auge oder das Ohr zu schulen bedeutet letztlich, den Geist zu schulen. Der Maler oder Musikliebhaber sieht und hört mehr — nicht deshalb, weil er so besonders scharfe Augen oder Ohren hätte, sondern weil er, auf seinen Talenten aufbauend, gelernt hat, die Möglichkeiten der Wahrnehmung bis in die Tiefen auszuloten.

Eine Schulung der Sinne schon bei Kindern scheint sich darüber hinaus auf die gesamte Persönlichkeit auszuwirken. Darauf deuten neueste Forschungsergebnisse hin. Beispielsweise steigern Kinder, die in einer musikalisch stimulierenden Umwelt aufwachsen, auch ihren Intelligenzquotienten; sie bessern auffällig ihr Sozialverhalten und entwickeln einen stärkeren Realitätssinn.

„Rhythmus und Harmonie", sagte schon Sokrates, „verleihen der Seele Anmut und Anstand."

Norbert Landa

ZU DIESEM BUCH

Was es enthält

Dieses Buch, das ganz den Sinnen und der Sinnesschulung gewidmet ist, wendet sich an Eltern, Erzieher, Lehrer und alle, die mit Kindern von etwa drei bis zwölf Jahren zusammen sind und sie fördern möchten. Um einer möglichst umfassenden Sinnesförderung gerecht zu werden, nimmt es drei verschiedene Funktionen wahr:

• „Mit allen Sinnen" ist ein Bastel-, Spiel- und Beschäftigungsbuch. Es enthält Bastelanleitungen und Spielvorschläge für interessante und neuartige Spielsachen. Diese Spielsachen, die Kinder – mit etwas Hilfe – selbst basteln können, haben alle mit unseren Sinnen zu tun: mit Hören und Sehen, Riechen und Schmecken, Tasten und Fühlen.

Der spielerische Umgang mit Dingen der Sinneswelt weckt in den Kindern das Bewußtsein für die Sinne und macht neugierig: neugierig, wie die Sinne funktionieren ...

• Auch auf die Funktion und das Funktionieren der Sinne geht dieses Buch ein. Fragen, die bei der Beschäftigung mit den einzelnen Bastel- und Spielobjekten auftauchen, werden kindgerecht beantwortet. Erwachsene können den Kindern die Fragen vorlesen, größere Kinder können sie auch selbst lesen. So ist dieses Buch zugleich ein Lese- und Vorlesebuch, das erklärt, wie die Dinge und die Sinne funktionieren.

• Zusätzlich bietet dieses Buch am Beginn der einzelnen Kapitel knappe Einführungen in wichtige biologische, physikalische und psychologische Aspekte der Sinneswahrnehmungen. Diese Abschnitte richten sich an Eltern, Erzieher, Lehrer. Hier kommen auch grundlegende Sachverhalte zur Sprache, die zu komplex oder abstrakt sind, um Kindern vermittelt zu werden, die aber dennoch zum richtigen Verständnis der Sinnesleistungen beitragen können. Einfache Versuche, die sich ohne Vorbereitung mit Kindern durchführen lassen, ergänzen diese Informationen.

Was man zum Basteln braucht

Viele Spielsachen werden aus Papier und Karton oder Pappe angefertigt. Auch „Abfälle" wie Papprollen oder Schachteln können verwendet werden.

Tonpapier gibt es in zahlreichen Farben und verschiedenen Stärken. Es ist biegsam, gut zu falten und zu kleben. Kräftiger und deshalb besonders für größere oder tragende Teile geeignet sind Tonkarton und Fotokarton. Sie sind genauso wie Tonpapier durchgefärbt. Noch kräftiger ist einseitig gefärbter Plakatkarton. Wellpappe kann fein- oder grobwellig sein, eine glatte oder zwei gewellte Seiten haben. Feinwellige Wellpappe (Mikrowellpappe oder Bastelwellpappe) mit einer glatten Seite hat den Vorteil, daß sie relativ druckfest ist.

Reborn-Karton besteht aus Altpapier und wird in mehreren Farben angeboten. Der normale Reborn-Karton ist etwas stärker als Fotokarton. Größere Stärken sind zum Basteln weniger geeignet.

Ein anderes beliebtes Bastelmaterial ist Moosgummi. Es wird in Platten unterschiedlicher Größe, Stärke und Farbe angeboten. Es ist biegsam, formbeständig und leicht mit der Schere zu schneiden. Weitere Vorteile: Moosgummi ist farbecht und wasserfest. Somit ist dieses Material für viele Spielsachen sehr praktisch.

Daneben werden für einige Objekte Naturmaterialien verwendet, zum Beispiel Steine, Federn, Kork.

Andere Materialien wie Filz, Wolle, Fellreste, Knöpfe, Plüschdraht (Pfeifenputzer) finden sich im Haushalt oder sind preiswert im Handel erhältlich.

Wie man Vorlagen überträgt

Wer die Bastel- und Spielobjekte aus diesem Band genau nacharbeiten möchte, kann die einzelnen Elemente vom Vorlagenteil (Seite 102 bis 117) übernehmen. Sie sind dort in Originalgröße wiedergegeben.

Um eine Vorlage auf Papier, Karton oder Moosgummi zu übertragen, wird das Motiv zunächst mit Bleistift auf Transparentzeichenpapier (kein farbiges Transparentpapier) durchgepaust. Damit dieses nicht verrutscht, eventuell mit Kreppband, das sich von Papier problemlos abziehen läßt, fixieren.

Nun gibt es verschiedene Möglichkeiten weiterzuarbeiten:

• Entweder die Pause auf dem gewählten Papier oder Karton leicht befestigen. Graphitpapier mit der beschichteten Seite nach unten zwischen die beiden Lagen schieben und das Motiv nachzeichnen.

• Wer kein Graphitpapier zur Hand hat, kann die gezeichneten Linien auf der Rückseite des Transparentpapiers mit einem weichen Bleistift schwärzen. Das Transparentpapier dann mit der Rückseite nach unten auf dem jeweiligen Karton oder Papier fixieren und das Motiv mit einem harten Bleistift nachziehen.

• Bei Karton genügt es oft auch, wenn man das Transparentpapier einfach auflegt und die Formen des Motivs mit einem Stift durchdrückt.

• Beim Basteln mit Moosgummi wird das Motiv vom Transparentpapier auf Zeichenkarton übertragen und ausgeschnitten. Diese Schablone kann dann auf die Moosgummiplatte gelegt und mit einem Bleistift umrissen werden.

Auch wenn Motive mehrfach verwendet werden (zum Beispiel beim Basteln in einer Gruppe), empfiehlt es sich, Schablonen aus festem Karton auszuschneiden.

Bewahren Sie diese auf; sie lassen sich immer wieder verwenden.

Wie man falzt und faltet

• Wer Wert auf besonders saubere Bruchkanten legt, kann Karton vor dem Falten auf der Außenseite anritzen. Dazu ein Metalllineal oder eine Schiene an der gewünschten Falzlinie anlegen und diese mit einem Messer oder Cutter (Schneidemesser) leicht einschneiden. (Diese Arbeit sollte jedoch nicht von Kindern ausgeführt werden.) Den Karton dann über eine Tischkante falten.

• Nicht ganz so „perfekt", allerdings bei Tonpapier sehr gut geeignet, ist folgendes Verfahren:

Ein Lineal an der geplanten Bruchkante anlegen und den Bruch mit einem Falzbein vorfalzen (ebenso ist eine stumpfe Stricknadel, eine Schere mit geschlossener Spitze oder ähnliches geeignet).

• Karton und Papier lassen sich aber auch an einer Tischkante, einer Schiene, einem Lineal entlang falten.

• Tonpapier eventuell auch einfach nur umschlagen und den Bruch mit einem Bleistift oder Lineal glätten.

Wie man schneidet

• Zum Ausschneiden der Motivteile bieten sich verschiedene Scheren an:

• Kinder schneiden am besten mit einer Bastelschere, die vorne abgerundet ist.

• Für größere, gerade Teile kann man eine Papierschere nehmen.

• Bei Innenschnitten und Kurven ist eine kleine, spitz zulaufende Silhouettenschere praktisch. (Nicht für kleinere Kinder geeignet.)

• Erwachsene können für Feinheiten auch einen Cutter verwenden. Als Unterlage dient Graupappe. Den Cutter flach ansetzen. Bei Kurvenschnitten den Karton mit der freien Hand drehen, während die andere schneidet.

HÖREN

Die Welt ist voll mit Tönen, Klängen und Geräuschen. Sie erzählen uns, was rundherum passiert, ohne daß wir hingucken müssen.

Einige Töne kennen wir sehr gut, zum Beispiel die Stimmen der Eltern oder der Freunde. Auch wenn wir nur ihre Stimmen hören und niemand dabei sehen, merken wir sofort, wer spricht. Und der Klang der Stimme verrät uns sogar, ob der andere ärgerlich oder traurig oder gut gelaunt ist.

Manche Klänge stammen von Musikinstrumenten. Jedes Instrument klingt anders. Und man kann mit ihnen hohe und tiefe, laute und leise Töne erzeugen.

So kann schöne Musik entstehen: ein schnelles, lustiges Lied, das uns fröhlich stimmt, ein Schlaflied, das uns beruhigt, und vieles mehr.

Andere Klänge kommen aus der Natur. Der Wind heult in den Straßen, die Blätter der Bäume rascheln, das Wasser plätschert im Bach.

Geräusche entstehen auch, wenn Maschinen arbeiten: ein Küchenmixer, ein Automotor, ein Rasenmäher.

Die Ohren können wir nicht zumachen wie die Augen. Deshalb sind wir ständig von Tönen, Klängen und Geräuschen umgeben. Wenn wir sie gewohnt sind oder wenn sie für uns nicht wichtig sind, bemerken wir sie oft gar nicht. Wir überhören die meisten Geräusche um uns herum. Erst wenn wir still sind und aufmerksam lauschen, hören wir sie.

ÜBER DAS HÖREN

Tag und Nacht baden wir in einem Meer aus Tönen und Geräuschen. Nur einen Bruchteil hören wir tatsächlich und bewußt. Und daraus komponiert der Hörsinn eine Welt sinnvoller Klänge und sprachlicher Bedeutungen.

Der Hörsinn ist der menschliche Mitteilungssinn. Wir können uns mitteilen, weil wir beim Sprechen Laute mit festgelegten Bedeutungen erzeugen und beim Hören diese Laute verstehen. Auch Schrift und Gebärdensprache sind vom gesprochenen Wort abgeleitet. Alle anderen Formen menschlicher Kommunikation — beispielsweise das Stirnrunzeln unseres Gegenübers — sind zu unwillkürlich und zu primitiv, als daß ein vernünftiger Austausch stattfinden könnte. Tatsächlich sind die Wörter „doof" und „taub" verwandt. Gehörlose Menschen hatten in früheren Zeiten keine Entwicklungsmöglichkeit hin zu einem „vernünftigen" Menschen. Dank Hörhilfen, Pädagogik und Gebärdensprache gehört die Gleichung taub = taubstumm = doof glücklicherweise der Vergangenheit an. Aber es zeigt sich, wie wichtig der Hörsinn für die Entwicklung sozialer Beziehungen und damit für die Entwicklung der Persönlichkeit ist.

Doch Verständigung durch Sprache ist nur ein wesentlicher Aspekt des Hörens; ein anderer ist die Orientierung in der Klangwelt um uns herum

Der Hörsinn ist ein mechanischer Sinn. Beim Hören wie beim Tasten werden Sinneszellen auf der Haut „angestoßen". Das Hörorgan befähigt uns, Schallwellen wahrzunehmen. Das, was als Schall gemessen und als Klang empfunden wird, sind Schwingungen in der Luft. Sie übertragen sich auf das Trommelfell. Dieses straff gespannte Hautstückchen vor dem Mittelohr wird von den Luftteilchen rhythmisch angestoßen. Je schneller und stärker sie schwingen, desto lauter und höher sind die Töne. Über eine komplizierte Mechanik werden die Schwingungen verstärkt und im Innenohr in Nervenimpulse übersetzt, die schließlich vom Gehirn verarbeitet werden. Das Hörorgan des Menschen trifft unter allem, was überhaupt hörbar ist, eine Vorauswahl. Sehr tiefe und sehr hohe Töne — Infraschall und Ultraschall — können wir nicht hören. Andere Lebewesen, Hunde, Delphine oder Fledermäuse, nehmen Ultraschall durchaus wahr.

Damit wir nicht im Meer akustischer Reize ertrinken, trifft auch das Gehirn eine Auswahl. Sinnesinformationen werden hier kurz abgelegt und untersucht, ob sie es wert sind, dem Bewußtsein mitgeteilt zu werden. Andere Informationen blendet das Gehirn aus.

So halten wir Geist und Ohren frei für Wichtiges. Denn die Ohren können wir weder wie die Augen schließen noch in eine bestimmte Richtung lenken: Schallwellen prasseln jederzeit und aus allen Richtungen auf das Trommelfell. Doch wer beispielsweise Verkehr gewohnt ist, wird Autolärm nicht mehr als bedrohlich empfinden und neben einer Kreuzung fest schlafen. Das Wimmern eines Kindes im Nebenzimmer läßt uns hingegen erwachen. Denn das Sinnesgedächtnis hat diese Art von Schall als bedeutsam erkannt.

Was wir hören ist also einerseits durch unsere biologische Ausstattung — durch die Art, wie das Gehirn funktioniert — festgelegt.

Zum anderen hängt das, was wir hören, auch stark von individuellen Begabungen, von der Schulung des Gehörs und von kulturellen Vorlieben ab. Menschen können etwa 340.000 reine Töne unterscheiden. Eine Symphonie beispielsweise kann jedoch für den einen wirrer Lärm sein, für den anderen hingegen großer Kunstgenuß. Mit den gleichen Ohren, aber einem geschulten Gehör wird der Musikliebhaber Feinheiten, Klangfarben und Bedeutungen heraushören, die normalen Zuhörern verschlossen bleiben.

FRAGEN & VERSUCHE ZUM HÖREN

Warum spitzt ein Hund die Ohren?

Wenn wir mit einem Hund sprechen, stellt er seine Ohrmuscheln auf. Er spitzt die Ohren. Seine Ohrmuscheln fangen den Schall auf und leiten ihn in das Ohr.

Viele Tiere, die auf ihr Gehör angewiesen sind, haben hoch aufgerichtete, bewegliche Ohrmuscheln. Damit hören sie nicht nur besser. Sie können auch genauer feststellen, woher das Geräusch kommt.

Wir Menschen können die Ohren nicht aufstellen oder mit ihnen wackeln.

Versuch: Eine Ohrmuschel kann auf einfache Weise vergrößert werden, indem man sie mit einer Hand nach vorne biegt. Die Handfläche vergrößert die Muschel noch mehr. Dabei wird der „Empfangsapparat" zur Geräuschquelle hin ausgerichtet – zum Beispiel zu flüsternden Kindern hin. Die anderen Kinder versuchen, das Gespräch mal mit, mal ohne „Hörhilfe" zu verstehen.

Noch besser läßt sich die Ohrmuschel durch einen zusammengerollten Papiertrichter vergrößern.

Weshalb brauchen wir zum Sprechen Luft?

Beim Sprechen oder Singen müssen wir ausatmen. Die Stimmbänder in der Kehle können nur schwingen und klingen, wenn Atemluft durch die Kehle strömt.

Versuch: Auch beim Einatmen strömt Luft durch die Kehle und kann die Stimmbänder schwingen lassen. Wir versuchen, beim Einatmen Töne hervorzubringen und dabei zu sprechen. Die Stimme klingt allerdings rauh und fremd.

Können wir mit geschlossenem Mund reden?

Wir können den Mund schließen und durch die Nase ausatmen. Doch dabei können wir nichts sagen. Die Laute, aus denen die Wörter bestehen, müssen wir im Mund bilden. Dazu brauchen wir Zunge und Lippen und Luft, die durch den Mund strömt.

Versuch: Wir schließen den Mund, atmen durch die Nase aus und versuchen dabei zu sprechen. Wir bemerken, daß wir nur summen können. Wenn wir uns nun auch die Nase zuhalten,

bringen wir bloß kurze Töne hervor. Es kann nur so viel Luft an den Stimmbändern vorbeiströmen, bis Mund und Nase aufgefüllt sind.

Warum klingt die Stimme bei Schnupfen anders?

Beim Sprechen atmen wir gleichzeitig durch Mund und Nase aus. Die Luft in der Nasenhöhle schwingt mit. Die Nasenhöhle funktioniert dabei so ähnlich wie der Resonanzkasten der Gitarre. Dieser Holzkasten schwingt mit und verstärkt den Klang der Gitarrensaite. Wenn wir Schnupfen haben, ist die Nase voll mit Schleim, und wir können nur durch den Mund atmen. Nun klingt die Stimme dumpf.

Versuch: Die Kinder bilden zwei Gruppen, eine Sprechgruppe und eine Hörgruppe, und stellen sich Rücken an Rücken. Die Kinder der Sprechgruppe sagen nacheinander einige Wörter. Ein paar von ihnen halten sich dabei die Nase zu. Die Kinder der Hörgruppe sollen herausfinden, wer mit zugehaltener Nase spricht.

Oder: Die Kinder der Sprechgruppe sprechen nacheinander mit zugehaltener Nase. Die Hörgruppe versucht, den Sprecher an der Stimme zu identifizieren.

KLANGSCHACHTELN

Was mögen das für Dinge sein, die in der Schachtel stecken?
Sie klappern und knistern und klingeln, sie rauschen und rascheln und rasseln …

BASTELMATERIAL

Fotokarton, 300g/qm, in Rot, Blau, Grün und
Gelb; Tonpapier in Schwarz; 2 Musterbeutel-
klammern; Filzstift in Schwarz; Klebstoff; Schere;
Lochzange; Klangutensilien

VORLAGEN

Siehe Seite 102: Schachtel 1a – 1c

BASTELANLEITUNG

Schachtelteile aus Fotokarton ausschneiden,
falzen, falten und zusammenkleben.
In den runden Schiebedeckel ein Loch stanzen;
Notenlinien aufzeichnen, und Noten aus
schwarzem Tonpapier aufkleben. In den Deckel
ebenfalls ein Loch stanzen, dann den Schiebedeckel mit einer Musterbeutelklammer befestigen.

SPIELVORSCHLÄGE

Mitspieler: 2 oder mehr Kinder ab 3 Jahren
Spielmaterial: Klangschachteln

1. Die Kinder machen sich mit den Geräuschen
der verschiedenen Klangutensilien vertraut.
Dann bekommt jeder Mitspieler eine Schachtel
mit allen Utensilien darin.
Ein Kind erzeugt ein bestimmtes Geräusch. Die
anderen Kinder lauschen mit verbundenen Augen

und tasten in ihrer Schachtel nach dem passenden Gegenstand.
Dann dürfen sie nacheinander diesen Gegenstand zum Klingen bringen. Ist es der gleiche
Klang wie zuvor?

2. Ältere Kinder hören zwei bis drei Klangutensilien hintereinander und holen anschließend die Gegenstände in der richtigen
Reihenfolge aus der Schachtel heraus.

3. Die Kinder sitzen um einen Tisch. Ein Kind
sitzt mit dem Rücken zu den anderen etwas
abseits und hat eine Klangschachtel mit verschiedenen Gegenständen vor sich. Die gleichen
Gegenstände liegen noch einmal in der Tischmitte.
Das einzelne Kind beginnt Geräusche mit einem
beliebigen „Instrument" aus der Schachtel zu
machen. Wer von den anderen findet zuerst
den entsprechenden Gegenstand auf dem Tisch
und macht das gleiche Geräusch?

Wie kommt der Klang ins Ohr?

 **Es gibt unzählig viele ver-
schiedene Töne, Klänge und
Geräusche. Sie alle entstehen,
wenn die Luft in schnelle
Bewegung versetzt wird.**
**Das kann geschehen, wenn wir an
einem straff gespannten Gummiband
zupfen. Das schwingende Band stößt
die unzähligen, winzigen Teilchen an,
aus denen die Luft besteht. Das gleiche
passiert, wenn wir mit Schlüsseln
rasseln. Die Schlüssel schlagen aneinander, und das läßt sie kurz erzittern.
Die Luft rundherum zittert mit. Die
Luftteilchen prallen aufeinander,
schwingen und tanzen hin und her und
stoßen sich dabei gegenseitig weiter.
Die schnellen Schwingungen in der
Luft nennt man Schallwellen. Sie
breiten sich nach allen Richtungen
aus, so ähnlich wie die Wellen in
einem Teich, in den ein Stein hinein-
gefallen ist.
Schallwellen können wir nicht sehen.
Doch wenn die Luftteilchen das Trom-**

melfell im Ohr anstoßen, können wir
etwas hören.
Das Trommelfell ist ein Stück Haut.
Es zittert leise, wenn die schwingenden
Luftteilchen anklopfen. Bei lautem
Krach zittert es stärker als bei leisem
Schaben, und bei hohem Kreischen
zittert es schneller als bei tiefem
Brummen.
Im Ohr gibt es winzige Fühler, die
messen, wie stark und schnell das
Zittern ist. Die Nerven leiten die
Botschaft an das Gehirn weiter, und
wir merken, daß wir etwas hören.

WIR MACHEN MUSIK

Ob trommeln, zupfen oder rasseln:
Es macht Spaß, Instrumente zu bauen und ihnen Klänge zu entlocken …

ZUPFGITARRE

BASTELMATERIAL

Holzleiste, ca. 40 cm lang, 6 cm breit und 18 mm dick; 8 Ringschrauben; 2 Dreikanthölzer, 6 cm lang, Kanten ca. 1 cm breit; Nylonschnur, 0,2 – 0,45 mm ∅; Bänder in verschiedenen Farben; Zahnstocher; Filzstifte; Klebstoff; Schere

BASTELANLEITUNG

Am oberen und unteren Ende der Holzleiste je vier Ringschrauben versetzt eindrehen, und zwar so, daß man sie noch weiterdrehen kann.
Etwa 5 cm vom oberen und unteren Ende entfernt, je ein Dreikantholz aufkleben.
Auf den Hals der Gitarre fünf farbig bemalte Zahnstocher kleben.
Zwischen den Ringschrauben unterschiedlich dicke Nylonschnüre spannen. Gut festknoten.
Durch Drehen an den Ringschrauben lassen sich die Saiten stimmen.
In die unterste Ringschraube am „Gitarrenhals" bunte Bänder knoten.

TROMMEL

BASTELMATERIAL

großer Plastikbecher; Luftballon; Regenbogenpapier; 2 Bastelspieße; Holzkugel, 1 cm ∅, oder Moosgummi, 2 mm stark; Klebstoff; Schere

BASTELANLEITUNG

Das Endstück des Luftballons abschneiden, den Ballon dehnen und über die Becheröffnung stülpen. Dreiecke aus Regenbogenpapier auf den Becher kleben. – Als Schlegel einen Bastelspieß nehmen; eine Holzkugel daraufsetzen; oder einen Moosgummistreifen von 2,5 x 10 cm zu einem spitzen Dreieck schneiden, um den Stab wickeln und dabei festkleben.

SCHELLEN-KRANZ

BASTELMATERIAL

2 Pappringe einer runden Käseschachtel (von Deckel und Boden); Papier; 6 Schellen, evtl. unterschiedliche Größe; reißfeste Wolle; Klebstoff; Schere; dicke, spitze Nadel

BASTELANLEITUNG

Den größeren Pappring mit Papier beziehen.
Sechs Schellen in gleichmäßigen Abständen befestigen: Dazu für jede Schelle mit einer Nadel zwei Löcher in den Pappring stechen, Wollfaden mit der aufgefädelten Schelle durchziehen und auf der Rückseite verknoten.
Den kleineren Ring zur Stabilisierung einkleben.

ZUPFBASS

BASTELMATERIAL

großer Plastikbecher; starke Schnur, die gut schwingt, 80 – 100 cm; Regenbogenpapier; kurzer Holzstab; spitze Schere; Klebstoff

BASTELANLEITUNG

Mit einer spitzen Schere ein Loch in den Becher bohren. Schnur durchziehen und auf der Innenseite verknoten. Am anderen Ende der Schnur einen kurzen Holzstab festbinden. – Den Becher mit Noten aus Regenbogenpapier verzieren.
Mit einer Hand den Becher halten. Mit dem Fuß auf den Holzstab stehen und die Schnur straff spannen. Mit der anderen Hand an der Saite zupfen, mal oben, mal weiter unten.
Die Töne werden durch den Becher verstärkt.

Weshalb klingen Musikinstrumente so schön?

 Verschiedene Dinge klingen auch verschieden. Es kommt darauf an, wie groß sie sind, aus welchem Material sie sind, und welche Form sie haben.

Viele Dinge werden gebaut, damit man mit ihnen Töne und Geräusche erzeugen kann. Eine Hupe zum Beispiel oder die Klingel am Fahrrad oder am Wecker. Mit anderen tönenden Dingen macht man Musik.

Mit Musikinstrumenten können wir hohe und tiefe, laute und leise Töne erzeugen und Melodien spielen. Manche Töne passen gut zueinander. Eine Melodie entsteht, wenn verschiedene Töne, die gut zueinanderpassen, in der richtigen Reihenfolge gespielt werden.

Alle Instrumente bringen die Luft zum Zittern. Bei einem Glöckchen schlagen Teile aus Metall aneinander und zittern kurz nach. Bei einer Gitarre zupft man an einer straff gespannten Schnur. Diese Schnur heißt Saite. Sie schwingt schnell hin und her. Je kürzer und je straffer sie gespannt ist, desto schneller schwingt sie, und desto höher ist auch der Klang. Die Saite einer Geige bringt man zum Klingen, wenn man mit einem Bogen darüberreibt. Beim Klavier sind die Tasten mit kleinen Hämmerchen verbunden, die beim Spielen auf Saiten klopfen.

Die Saiten von Gitarren, Geigen und Klavieren sind in einem Kasten befestigt. Beim Spielen schwingt dieser Kasten mit und verstärkt den Klang. Bei Blasinstrumenten wird Luft durch ein Rohr gepustet. Die Trompete klingt, wenn die Luft von den Lippen des Trompeters zum Erzittern gebracht wird. In der Flöte pfeift die Luft durch Gänge und Löcher. Trommeln sind mit einer Hülle überzogen. Man schlägt sie an, die Trommel erzittert – und wir hören ihr „Bumbum".

17

DURCH DIE BLUME

Man hält die Blüte ans Ohr und spricht in die Öffnung am Stengel:
So hört man, wie die eigene Stimme wirklich klingt.
Also, hör mal ...

BASTELMATERIAL

Rohr aus Plastik, 2 cm Ø, 55 cm lang;
Moosgummi in Pink; Filz in Grün; Klebstoff;
Schere

VORLAGEN

Siehe Seite 102: Blüte 2

BASTELANLEITUNG

Die Blüte nach der Vorlage zuschneiden und
überlappend an einem Ende des Plastikrohres
festkleben.
Das Rohr mit einem 4 cm breiten Streifen aus
grünem Filz beziehen.
Nun kann man das Rohrende an den Mund
halten und die Blütenöffnung ans Ohr. Und
man hört die eigene Stimme sprechen oder
singen, so wie sie auch andere hören.

Wie kommt die eigene Stimme ins Ohr?

 Wenn wir sprechen oder sin-
gen, dann hören uns nicht nur
die Zuhörer. Wir hören uns
auch selbst und erkennen dabei, ob wir laut oder leise sprechen,
und wir bemerken, ob wir etwas richtig oder falsch aussprechen.
Deshalb ist es für Menschen, die nicht
hören können, so schwer, richtig
zu sprechen. Sie hören nicht, was
sie sagen.
Die eigene Stimme kommt auf zwei
Wegen ins Ohr. Einmal verläßt sie den
Mund und gelangt in die Luft. Die
Ohren fangen die Schallwellen wieder
auf, und wir hören uns selbst genauso
wie jeder andere Zuhörer.
Gleichzeitig hören wir unsere eigene
Stimme von innen. Die Schwingungen
im Kehlkopf lassen den Brustkorb und
die Knochen im Kopf mitschwingen, so
wie der Geigenkasten mitschwingt,
wenn man an der Saite zupft. Dadurch
kommt unsere Stimme auch von innen
her an das Ohr. Diese „innere" Stimme
hören wir besonders gut, wenn wir
leise summen und dann die Ohren
zuhalten.
Der Klang der eigenen Stimme ist also
eine Mischung aus dem, was von außen
kommt, und dem, was wir von innen
hören.
Wenn wir nun unsere Stimme durch
ein Rohr vom Mund direkt zum eigenen
Ohr leiten, klingt sie nicht nur lauter
als sonst. Sie klingt auch ein wenig
anders. Denn wir hören die äußere
Stimme viel stärker. Die innere Stimme
wird übertönt. Wir hören uns so, wie
uns auch die anderen hören.

SPRECHTÜTEN

Ist die Stimme zu leise? Dann hilft eine Sprechtüte.
Denn alles, was man in die Tüte flüstert oder ruft oder singt, wird verstärkt und klingt lauter.
Da wird man auch noch in der Ferne gehört.

FISCH

BASTELMATERIAL

Reborn-Karton in Blau; Fotokarton in Ultramarin; Tonpapier in Schwarz und Weiß; Klebestift; Kraftkleber; große Schere; kleine, gebogene Schere

Warum klingen ferne Stimmen leise?

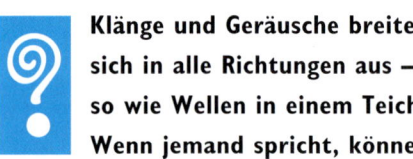

Klänge und Geräusche breiten sich in alle Richtungen aus – so wie Wellen in einem Teich. Wenn jemand spricht, können wir ihn auch hinter seinem Rücken hören. Doch so wie die Wasserwellen immer kleiner werden, je weiter sie laufen, so verlieren auch die Schallwellen mit der Zeit ihre Kraft. Mit einer „Flüstertüte" kann man den Schall dazu bringen, hauptsächlich in eine bestimmte Richtung zu laufen. Dann hört man die Stimme dort viel lauter.
Und so wie die Wasserwellen Zeit brauchen, um über den Teich zu laufen, so brauchen auch die Schallwellen

Zeit, um sich auszubreiten. Das Tempo, mit dem der Schall durch die Luft läuft, nennt man Schallgeschwindigkeit. Schall ist sehr schnell unterwegs – ungefähr so schnell wie ein Düsenflugzeug. Aber er ist langsamer als das Licht. Bei einem Gewitter kann man das gut beobachten. Wenn es blitzt, entsteht im selben Augenblick auch der Donner. Den Blitz sehen wir sofort. Der Donner kommt etwas später. Je weiter das Gewitter weg ist, desto länger braucht der Donner, bis wir ihn hören. Und wenn es in ganz weiter Ferne blitzt, hören wir gar nichts mehr. Dann hat der Donner auf dem langen Weg seine ganze Kraft verloren.

VORLAGEN

Siehe Seite 102: Fisch 3a – 3c

BASTELANLEITUNG

Aus blauem Reborn-Karton einen Viertelkreis mit einem Radius von 30 cm ausschneiden. Eine Tüte kleben. Dazu den Karton mehrmals

über eine Tischkante ziehen, damit er sich einrollt; dann mit Kraftkleber zusammenfügen. Die Spitze nach etwa 5 cm abschneiden. Das Maul mit einer kleinen, gebogenen Schere ausschneiden.
Den Schwanz ebenfalls aus blauem Reborn-Karton ausschneiden. Die gerundeten Schuppen nach außen knicken; zuvor die Knicklinien vorprägen. Die Schuppen auf der Rückseite mit Klebstoff bestreichen, den Schwanz über das Ende des Fischkörpers stülpen und festkleben. Die Flossen aus blauem Fotokarton ausschneiden und bis auf die Laschen unten zusammenkleben; die Laschen aufbiegen und am Körper befestigen. Schließlich noch Augen und Schuppen aufkleben.

SEEHUND

BASTELMATERIAL

Reborn-Karton in Grau; Tonpapier in Schwarz und Weiß; Moosgummi in Schwarz, 2 mm stark; Nylonschnur, 0,5 mm Ø, und Nähnadel; Filzstift in Schwarz; Klebestift; Kraftkleber; große Schere; kleine, gebogene Schere

VORLAGEN

Siehe Seite 102: Seehund 4a – 4c

BASTELANLEITUNG

Den Körper aus grauem Reborn-Karton ausschneiden und, wie zuvor beschrieben, zu einer Tüte zusammenkleben.

Schwanz und Flossen dann aus dem gleichen Material herstellen.

Augen aus schwarzem und weißem Tonpapier ausschneiden und anbringen.

Die aus schwarzem Moosgummi ausgeschnittene Nase zu einem Drittel am Kopf ankleben.

Einzelne Bartstoppeln mit einem schwarzen Filzstift andeuten.

Kurze Stücke einer Nylonschnur als Barthaare so durch den Karton ziehen, daß beide Enden seitlich aus dem Kopf ragen.

URWALDGEFLÜSTER

Ein Urwaldflüsterrohr für geheime Botschaften: Einer flüstert in das Rohr hinein – und am anderen Ende versteht man's mühelos. Doch sonst kriegt keiner was mit.

BASTELMATERIAL

Pappröhren von Haushaltspapier; Klebeband; Kreppapier in Grün; Tonpapier in Braun und Orange, Reste in Schwarz und Weiß; Schere; Klebstoff; Bürolocher

VORLAGEN

Siehe Seite 102: Äffchen 5a – 5e

BASTELANLEITUNG

Um ein gerades Flüsterrohr zu erhalten, Pappröhren aneinanderfügen. Dazu das Ende einer Röhre leicht nach innen knicken, dann in die Öffnung einer anderen Röhre schieben. Mit Klebstoff festkleben und mit Klebeband zusätzlich fixieren.

Für „Verästelungen" eine Pappröhre abknicken: Zunächst an einem Ende im Abstand von etwa 5 cm zwei Schnitte von 3 cm Tiefe anbringen. Den Pappstreifen zwischen den Einschnitten umknicken und mit Klebstoff an der Außenseite der benachbarten Röhre befestigen. Den stehengebliebenen Teil der Röhre unten an der Nachbarröhre festkleben. Das „Gelenk" wiederum zusätzlich mit Klebeband fixieren.

10 cm breite Streifen aus grünem Kreppapier straff um das Flüsterrohr kleben.

Mehrere Streifen von 15 cm Breite und belie-

biger Länge übereinanderlegen. Vom Rand her 10 cm tief Blattformen einschneiden. Die Blattstreifen großzügig um das Flüsterrohr wickeln und an den Enden mit Klebstoff fixieren.

Äffchen aus braunem Tonpapier zuschneiden. Bauch und Gesicht aufkleben. Augenpunkte mit einem Locher ausstanzen.

Die Äffchen auf das Flüsterrohr setzen oder daranhängen.

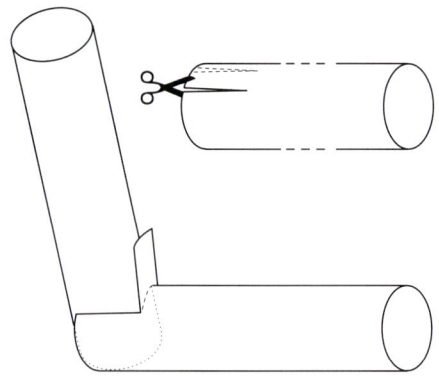

SPIELVORSCHLÄGE

Mitspieler: 2 oder 3 Kinder oder Gruppen ab 4 Jahren
Spielmaterial: Flüsterrohr

1. Ein Kind flüstert am Ende eines Astes in das Flüsterrohr. Ein oder zwei weitere Kinder halten ihre Ohren an die anderen Öffnungen. Jetzt können die Kinder miteinander sprechen, ohne daß Außenstehende mithören.

2. Jede Gruppe hat ein Flüsterrohr. Ein Kind jeder Gruppe gibt seinen Mitspielern durch das Flüsterrohr Aufgaben durch. Erst wenn eine Aufgabe gelöst ist, darf das nächste Kind der Gruppe seinen Auftrag entgegennehmen. Aufgaben können sein: Im Raum („im Urwald") versteckte Gegenstände oder auch große Puzzleteile herbeibringen. Oder eine Strecke beispielsweise in einer bestimmten Gangart zurücklegen ...
Dabei kann der Zeitrahmen vorgegeben werden.

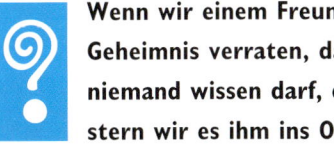

Wie kommt ein Geheimnis durch das Flüsterrohr?

Wenn wir einem Freund ein Geheimnis verraten, das sonst niemand wissen darf, dann flüstern wir es ihm ins Ohr. Der Freund hört so auch die leisesten Töne. Wer etwas weiter weg ist, kann nichts verstehen. Denn die Töne werden auf dem Weg durch die Luft immer leiser.

Sie breiten sich in alle Richtungen aus und verlieren dabei ihre Kraft. Doch durch ein Flüsterrohr können wir auch miteinander flüstern, ohne ganz dicht beieinander zu sein. Und das geht so: Wenn wir in das Rohr flüstern, bleiben die Töne im Innern des Rohres gefangen und werden dort

weitergeleitet – so ähnlich wie Wasser in einer Leitung. Die Töne breiten sich nicht aus und verlieren deshalb auf ihrem Weg nur ganz wenig Kraft. Und wer sein Ohr an das andere Ende des Rohres hält, kann sie gut hören. Wer weiter weg ist, versteht gar nichts. Alles Geheimsache!

FLÜSTERMAUS & FLÜSTERLÖWE

Gespannt spitzt die Maus die Ohren. Schließlich wird ihr eine geheime Botschaft zugeflüstert. Und vertraulich leitet sie alles weiter – aber nur an den, der die Botschaft auch hören soll.

BASTELMATERIAL

Luftballons; Tonpapier in Grau, Rosa, Schwarz und Hellbraun; Klebepunkte in Weiß; Kreppapier in Braun und Orange; Klebstoff; Schere; Wäscheklammer

VORLAGEN

Siehe Seite 102: Maus 6a – 6d; Löwe 7a – 7c

BASTELANLEITUNG

Ohren, Augen, Nase und Schnurrbarthaare aus Tonpapier ausschneiden.

Die Ohren einschneiden, überlappend zusammenkleben, und die Klebestellen mit einer Wäscheklammer fixieren.

Die Luftballons aufblasen, und dann die verschiedenen Gesichtsteile auf den Luftballonkopf kleben.

Die Maus bekommt jetzt noch ein Schwänzchen aus Tonpapier.

Für die Löwenmähne einen braunen und einen orangefarbenen Kreppapierstreifen (16 x 60 cm) zuschneiden; die Streifen aufeinanderlegen und 6 cm tief fein einschneiden. Dann um das Löwengesicht kleben.

Zum Schluß den Tieren Ohren ankleben.

Warum kann man auf dem Mond nichts hören?

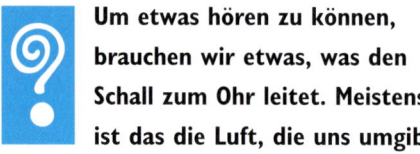

Um etwas hören zu können, brauchen wir etwas, was den Schall zum Ohr leitet. Meistens ist das die Luft, die uns umgibt. Im luftleeren Weltraum ist es totenstill, auch wenn ein Raumschiff vorbeifliegt. Nicht einmal eine laute Explosion auf dem Mond könnten wir hören. Denn zwischen Erde und Mond gibt es keine Luft. Auf der Erde sind wir immer von Luft umgeben. Sie trägt den Schall in alle Richtungen. Aber auch andere Dinge leiten Klänge weiter, zum Beispiel Wasser. Wenn wir in der Badewanne untertauchen, dann hören wir etwas. Schall kann sich auch in festen Dingen ausbreiten, zum Beispiel über die straff gespannte Haut unseres Mäuseluftballons. Sie leitet den Schall sogar besser als die Luft im Ballon. Die Stimme bringt die Ballonhaut zum Zittern, und die unsichtbar kleinen und schnellen Wellen laufen auf dem Ballon weiter. Wenn wir ihn nun fest ans Ohr drücken, können wir diese Schallwellen als Töne hören. Andere Dinge wie dicke Wände und gepolsterte Türen fangen den Schall ab. Die Schallwellen haben nicht genug Kraft, um eine feste Ziegelwand zum Schwingen zu bringen. Die Wand versperrt dem Schall den Weg, und wenn jemand im Zimmer drüben spricht, hören wir seine Stimme nicht.

SPIELVORSCHLÄGE

Mitspieler: 2 Kinder bzw. Gruppen mit Kindern
ab 4 Jahren
Spielmaterial: Flüsterballons

1. Die Kinder bilden zwei Gruppen. Ein Kind
aus jeder Gruppe tritt vor. Sie stellen sich fünf
Schritte voneinander entfernt auf. Jedes hält ein
Flüstertier dicht ans Ohr. Beide kriegen jetzt
noch einen Spielpartner.
Diese laufen auf ein Zeichen hin zum Spielleiter
und bekommen dort ein Bild oder einen Gegenstand gezeigt. Sie laufen zu ihrem Partner
zurück und flüstern in den Luftballon, was sie
gesehen haben. Wer das Wort zuerst verstanden
hat, wiederholt es laut.
Dann sind die nächsten an der Reihe.

2. Das beschriebene Spiel läßt sich gut für eine
Rallye oder ein Wettspiel mit älteren Kindern
abändern: Die Gruppen müssen sich einzelne
Wörter gut merken; zum Schluß ergeben diese
eine Aufgabe oder einen Spruch.

3. Auch ohne Vorgabe von Spielregeln werden
sich Kinder zu zweit gern mit Flüstertieren
beschäftigen und sich allerhand zu erzählen
wissen.

TELÉPHON & MÉGAPHON

Einfach, aber stark: Schnell und einfach sind beide Geräte zu bauen.
Laut und stark bringen sie dann Stimmen rüber.

TÉLÉPHON

BASTELMATERIAL

2 große Plastikbecher; feste Schnur; Regenbogenpapier; Klebstoff; Schere

VORLAGEN

Siehe Seite 102: Telephon 8

BASTELANLEITUNG

In die Böden der beiden Plastikbecher ein Loch
bohren. Schnur durchziehen und jeweils innen
verknoten.

Aus Regenbogenpapier Streifen und Telephone
ausschneiden und aufkleben.

Schon kann man telephonieren. Allerdings muß
die Schnur gut gespannt sein.

MÉGAPHON

BASTELMATERIAL

großer Plastikbecher; Luftballon; Regenbogenpapier; Schere oder Handbohrer, 14 mm; Bürolocher; Klebstoff

BASTELANLEITUNG

Mit einer spitzen Schere oder einem Bohrer ein
Loch in den Boden des Plastikbechers bohren.
Das Endstück des Luftballons abschneiden. In
den oberen Teil mit einer feinen Schere kleine
Löcher schneiden. Den Luftballon spannen und
über die Becheröffnung stülpen. Unterschiedlich
große Kreise aus Regenbogenpapier auf den
Becher kleben.

Spricht man durch das Loch im Becherboden,
schwingt die Membran mit. Die Stimme wird
verstärkt und verzerrt und klingt ganz fremd.

Wie bringt ein Telephon die Stimme vom einen zum anderen Ende ?

 Menschen haben viele Dinge
erfunden, um Töne über weite
Entfernungen zu übertragen.
Dabei werden Schallwellen in
andere Arten von Wellen verwandelt.
Über das Telephon können wir mit
einem Freund sprechen, der in einer
anderen Stadt oder sogar am anderen
Ende der Welt ist. Im Telephon wird
der Schall der Stimme in winzige
Stromstöße übersetzt. Diese Strom-
wellen laufen blitzschnell durch die
Telephonleitungen. Am anderen Ende
der Leitung werden sie wieder in
Schallwellen verwandelt, und unser
Freund hört jetzt unsere Stimme.
Unser Schnurtelephon funktioniert
viel einfacher. Wenn wir in den
Sprechbecher sprechen, bringt die
Stimme die Schnur zum Erzittern.
Die winzigen Wellen laufen über die
Schnur zum Hörer, und dort werden
sie im Hörbecher aufgefangen. Am
besten funktioniert das, wenn die
Schnur straff gespannt ist.
Wie sich Wellen bei einer Schnur ausbreiten, kann man an einem Garten-
schlauch sehen. Wenn man mit dem
einen Ende fest auf und ab schlägt,
laufen Wellen über den Schlauch bis
zum anderen Ende. Sie sind so groß,
daß wir sie sehen. Die Schallwellen
in der Schnur sind viel zu klein, um
gesehen zu werden, und viel zu schnell.

CLOWNS MIT GROSSEN OHREN

Wer die Clownmaske aufsetzt, braucht große Ohren. Denn der Clown sieht nichts. Aber wenn er auf Klänge lauscht und ihnen folgt, wird er sicher durch den Raum gehen können.

BASTELMATERIAL

Fotokarton in Hautfarben, Braun, Dunkelgrün, Orange und Flieder; Tonpapier in Rot, Weiß und Schwarz; dicke Wolle in Gelb und Weinrot; Fadengummi; Filzstift in Schwarz und Braun; Klebstoff; Schere; Lochzange; Zirkel

VORLAGEN

Siehe Seite 102: 9a – 9d

BASTELANLEITUNG

Nach den Vorlagen Augen, Nase und Mund aus Tonpapier, die übrigen Maskenteile aus Fotokarton ausschneiden.
Das Gesicht bekleben; die Ohren braun, Wimpern und Pupillen schwarz aufmalen.
Am unteren Rand der Maskeninnenseite den Sichtschutz (9b) ankleben.
Die Haare befestigen.
Den Hut herstellen, aufkleben und mit drei Pompons verzieren: Dafür zunächst zwei Pappringe (außen 7 cm Ø, innen 2 cm Ø) aufeinanderlegen; Wolle durch das Loch und um die beiden Ringe wickeln, bis das Loch geschlossen ist. Die Wollfäden vorsichtig am Rand entlang aufschneiden. Einen Faden zwischen die Ringe schlingen und den Pompon abbinden. Dann die Pappe entfernen.

Damit sich die Maske umbinden läßt, auf jeder Seite zwei Löcher stanzen. Zwei Fadengummis über die Rückseite ziehen und verknoten. Das eine Gummi wird um den Hinterkopf geführt, das andere unter dem Kinn entlang.

Wozu brauchen wir zwei Ohren?

 Wenn wir wissen wollen, aus welcher Richtung eine Stimme kommt oder das Gebell eines Hundes oder das Klingeling eines Glöckchens, dann brauchen wir nicht hinzugucken. Wir erkennen auch mit geschlossenen Augen, wo das Glöckchen gerade klingelt – links oder rechts, hinter uns oder vor uns. Das geht, weil wir zwei Ohren haben und nicht bloß eines.
Das Klingeln kommt nämlich nicht zur gleichen Zeit in beiden Ohren an. Wenn das Glöckchen links klingelt, hört das linke Ohr den Klang ein klein wenig früher als das rechte Ohr. Denn der Schall braucht weniger Zeit, um bis zum linken Ohr zu laufen. Die Ohren merken den winzigen Unterschied und lassen uns wissen, aus welcher Richtung der Klang kommt.
Die Ohren erzählen uns also, was um uns herum passiert. Das ist wichtig. Wir Menschen sehen ja nicht, was hinter unserem Rücken geschieht. Oft warnen uns Geräusche vor Gefahren, die wir nicht sehen – zum Beispiel vor einem Auto, das von hinten kommt. Deshalb ist es auch gut, daß wir die Ohren nicht zumachen können wie die Augen. Wir haben die Ohren sogar beim Schlafen offen. Dann dringen viele verschiedene Geräusche in unsere Ohren, ohne daß wir davon etwas merken. Doch ein bedrohliches Geräusch kann uns sofort aufwecken.

SPIELVORSCHLÄGE

Mitspieler: 2 oder mehr Kinder ab 4 Jahren
Spielmaterial: Clownmaske(n); Instrument, z.B. Glöckchen

1. Ein Kind spielt ein Instrument und beginnt, langsam durch den Raum zu gehen. Ein Kind mit einer Clownmaske versucht, den Klängen zu folgen. Obwohl der Clown nichts sieht, geht er sicher durch den Raum, wenn er sich von den Klängen leiten läßt.

2. Das Kind mit dem Instrument beschreibt beim Gehen einen Kreis, eine Gerade oder eine Schlangenlinie. Das Kind mit der Maske geht den Weg nach und beschreibt die Form.

3. Einige Kinder mit Clownmasken sind im Raum verteilt. In einer Ecke spielt ein Kind ein Instrument. Die Clowns lauschen, woher die Klänge kommen, und bewegen sich langsam darauf zu.

4. Kinder mit Clownmasken sind im Raum verteilt. Langsam drehen sie sich um sich selbst. Dann bleiben sie stehen. Irgendwo beginnt ein Instrument zu spielen. Die Clowns deuten in die Richtung, aus der sie den Klang hören und nehmen die Masken ab. Deuten alle richtig?

TIERKONZERT

Masken auf – schon beginnt der Lärm:
Die Hund bellen, die Raben krächzen, die Frösche quaken, und die Hühner gackern und gackern.
In diesem Durcheinander sollen die Tiereltern die Stimmen ihrer Jungen erkennen …
Ob das gutgeht?

Warum klingen Tierstimmen verschieden?

Stimmen entstehen im Kehlkopf. Das ist eine kleine steife Röhre im Hals. Dort gibt es elastische Häutchen, die man Stimmbänder nennt. Beim Ausatmen können wir sie zum Schwingen bringen. Dann erklingt ein Ton. Je stärker der Luftstrom ist, der die Stimmbänder erzittern läßt, desto lauter ist der Ton. Je straffer die Stimmbänder gespannt sind, desto höher ist der Ton. Brummen wir, sind die Stimmbänder locker und lang.

Die Stimmbänder von Kindern sind kürzer als die Stimmbänder von Erwachsenen. Deshalb klingen Kinderstimmen höher. Etwas ähnliches entdecken wir, wenn wir an einem kurzen und dann an einem langen Gummiband zupfen: Das kurze Band erzeugt einen höheren Ton.

Die verschiedenen Laute und Wörter kommen zustande, wenn Mund, Zunge und Lippen zusammenspielen. Wir können dann wie mit einem wunderbaren Instrument sogar den Klang von Glocken, Automotoren oder auch Tierstimmen nachahmen.

Die meisten Tiere können das nicht. Sie erzeugen nur ihre typischen Laute. Bei ihnen sind Kehlkopf und Maul viel einfacher gebaut. Tiere können auch die Stellung der Lippen und Zunge nicht verändern. Hunde bellen, winseln und jaulen, aber sie können nicht miauen. Katzen miauen und kreischen, aber sie bellen nicht. Nur einige Vogelarten wie Papageien oder Raben haben ein Stimmorgan, mit dem sie auch fremde Geräusche nachahmen können. Ein Papagei kann sogar einen Satz wie „Gib Küßchen!" sagen. Aber für ihn ist das nur ein Geräusch. Der Papagei versteht nicht, was er da sagt.

BASTELMATERIAL

Tonkarton in Sandfarben, Braun, Grün, Rot, Gelb und Schwarz; Perlhuhnfedern; Fellstoff in Dunkelbraun; Federn in Schwarz; Fadengummi; Lineal; Klebstoff; Lochzange; Schere

VORLAGEN

Siehe Seite 102: Huhn 10a – 10e; Hund 11a – 11e; Frosch 12a – 12d; Rabe 13a – 13b

BASTELANLEITUNG

Huhn: Maske, Kamm, Schnabelteile (10c – 10e) und Augen aus Tonkarton ausschneiden. Den Schnabel falzen und falten. Bis auf die Augen alle Teile zusammenkleben.
Seitlich Löcher in die Maske stanzen und Fadengummi einbinden. Federn gut verteilt aufkleben. Zum Schluß die Augen anbringen.

Hund: Maske, Schnauzenteile (11b – 11c), Augen und Zunge aus Tonkarton ausschneiden. Die Schnauze mit Fellstoff (11d) bekleben. Dann die Teile zusammenfügen.
Ohren aus Fellstoff schneiden (11e) und an der Maske befestigen. Seitlich Löcher in die Maske stanzen und Fadengummi einbinden.

Frosch und Rabe: Alle Teile aus Tonkarton ausschneiden und zusammenkleben. Beim Raben von hinten schwarze Federn an die Maske kleben. Fadengummi einbinden.

SPIELVORSCHLÄGE

Mitspieler: Gruppen mit Kindern ab 3 Jahren
Spielmaterial: Tiermasken

1. Jeweils zwei bis fünf Kinder bilden eine Tiergruppe. Ein Kind aus jeder Gruppe trägt eine Maske und entfernt sich einige Meter. Nun geben die anderen Kinder die typischen Tierlaute von sich. Die maskierten Teilnehmer suchen nach Gehör auf allen Vieren ihre Gruppe.

2. Alle Spieler tragen Masken. Gleiche Tierarten bilden Gruppen. Jetzt verteilen sich alle im Raum. Sie geben Tierlaute von sich und versuchen, nach Gehör ihre Artgenossen zu finden.

BIENCHEN, SUMM HERUM

**Alle Bienen sehen gleich aus. Doch nur manche summen auch gleich.
Da heißt es: gut hinhören!**

BASTELMATERIAL

Pfeifenputzer in Weiß, Braun, Grün, Rot, Gelb, Pink, Blau und Rosa; 12 bis 18 Kunststoffhüllen von Überraschungseiern; wasserfester Filzstift in Schwarz; Klebstoff; spitze Schere; evtl. kleiner Seitenschneider; Klangmaterial zum Füllen: kleine Schellen, Wattekugeln, Holzperlen, Erbsen, Reis, Steinchen ...

VORLAGEN

Siehe Seite 102: Biene 14a – 14c;
Blume 14d

BASTELANLEITUNG

Bienen: Zunächst je zwei oder drei Kunststoffeier mit dem gleichen Klangmaterial füllen. Jeweils zwei braune, 13 cm lange Pfeifenputzer quer um ein Ei kleben. Mit einer spitzen Schere zwei Löcher einstechen, und die beiden Enden hineinkleben.
Die Flügel nach der Vorlage formen und oben am Körper zwischen die braunen Streifen kleben (ebenfalls in vorgefertigte Löcher).
Entsprechend die Fühler formen und auch befestigen.
Schneckenförmig aufgerollten Pfeifendraht zwischen die Fühler auf den Kopf setzen.
Zuletzt noch ein Gesicht aufmalen.

Blumen: Blumen in der gleichen Anzahl wie Bienen nach der Vorlage aus bunten Pfeifenputzern formen. Je zwei bzw. drei Blüten bekommen die gleiche Farbe.

SPIELVORSCHLÄGE

Mitspieler: 2 oder mehr Kinder ab 4 Jahren
Spielmaterial: einige Bienenpaare bzw. „Drillinge"; entsprechend Blumenpaare bzw. „Drillinge"

1. Die Blumen liegen in der Spielmitte, die Bienen drumherum. Jedes Kind schüttelt abwechselnd zwei Bienen. Klingen sie gleich, werden sie auf Blumen der gleichen Farbe gesetzt.

2. Das Ganze ist auch als Wettspiel möglich: Wer ein Bienenpaar gefunden hat, darf sich gleichfarbige Blumen aus der Mitte nehmen und die Bienen darauf plazieren.

3. Die Blumen können auch zu Beginn an die Spieler verteilt werden. Wer hat seine Blumen zuerst mit Bienenpärchen besetzt?

4. Schwieriger werden die genannten Spiele, wenn es jeweils drei gleichklingende Bienen gibt. Am besten werden zunächst Paare gesucht. In der nächsten Runde kann dann die Suche nach der dritten Biene losgehen.

Warum hört man sitzende Bienen nicht?

Klänge und Töne entstehen nicht von selbst. Der Bach muß über die Steine im Bachbett plätschern, damit wir ihn hören. Der Wind bewegt die Blätter im Baum, und wir hören es rauschen. Der Hund stößt beim Bellen die Luft schnell aus und bringt dabei die Stimmbänder im Hals zum Schwingen. Und die Biene muß fliegen, damit wir sie hören können. Beim Fliegen schlägt sie mit ihren winzigen Flügeln so schnell auf und ab, daß die Luft erzittert. Wir hören dann ein Summen. Auch unsere gelben Rasselbienen müssen sich bewegen, damit wir sie hören. Nur dann klappern die Körner und Steinchen in ihren Bäuchen. Sobald eine Biene auf einer Blume sitzt, ist sie stumm.

Sehen

Wer mit offenen Augen durch die Welt geht, erfährt eine ganze Menge. Die Augen helfen uns, Dinge zu erkennen. Wir sehen, ob etwas klein ist wie ein Sandkorn oder groß wie ein Berg. Ob es rund ist wie ein Ball oder eckig wie ein Würfel oder flach wie ein Teppich.

Wir sehen die bunten Farben eines Schmetterlings. Und wir können zählen, wie viele Punkte ein Marienkäfer hat.

Die Augen zeigen uns, ob Dinge verschieden sind oder gleich. Am besten erkennen wir Unterschiede bei den Menschen: Jedes Gesicht hat Mund und Nase, zwei Augen und zwei Ohren. Trotzdem sieht jeder Mensch anders aus. Selbst die kleinsten Unterschiede sehen wir sofort. Deshalb erkennen wir bekannte Gesichter unter Tausenden von Gesichtern. Die Augen zeigen uns Dinge, die so nah sind wie die eigene Nase und die so weit weg sind wie die Sterne. Wenn wir einen Baum oder Stuhl oder Menschen sehen, sehen wir auch, wie weit er entfernt ist. Und wir erfahren, ob sich etwas bewegt – ob ein Zug fährt oder ob er steht.

Um überhaupt sehen zu können, brauchen wir Licht. Leuchtende Dinge wie Lampen und brennende Kerzen schicken Licht aus. Das meiste Licht kommt aber von der Sonne. Wenn Licht auf einen Gegenstand fällt, zum Beispiel auf dieses Buch, wird es zurückgestrahlt. Wenn wir das Buch anschauen, fangen unsere Augen das Licht auf, und wir sehen die Bilder und Wörter auf den Seiten.

Ohne Licht gibt es nichts zu sehen. In eine tiefe Höhle dringt kein Sonnenlicht. Dort ist es finster. Aus einem Zimmer kann man das Licht mit dicken Vorhängen aussperren. Auch geschlossene Augenlider versperren dem Licht den Weg in die Augen. Wir sehen dann nichts – selbst wenn wir im Sonnenschein auf einer blühenden Wiese sitzen.

ÜBER DAS SEHEN

„Ich habe es mit eigenen Augen gesehen": Der Sehsinn gilt als der sicherste, am wenigsten trügerische aller Fernsinne. Was man sieht, kann man (zumindest theoretisch) auch anfassen, im Gegensatz zu Klängen und Gerüchen. Eine Fernsehreportage wirkt objektiv, weil sie uns Bilder vermittelt. Und Bildern vertrauen wir. Was wir sehen, erscheint uns solider als ein verklingender Ton oder ein flüchtiger Duft. Optische Täuschungen sind deshalb so faszinierend, weil sie das solide optische „Weltbild" erschüttern und zeigen, daß auch optische Informationen unzuverlässig sein können.

Menschen sind Augenwesen. Mehr als die Hälfte der Informationen, die aus der Umwelt in unser Gehirn gelangen, nehmen wir durch die Augen auf. Der Gesichtssinn bestimmt weitgehend, was wir von der Welt wissen und wie wir uns über sie verständigen. Ohne daß wir uns dessen bewußt sind, denken und sprechen wir in Bildern. Das „Weltbild", die „Vorstellung", die „Einsicht", der „klare" Gedanke, die „einleuchtende" Antwort — all das sind „Sinnbilder", die mit Licht und mit Sehen zu tun haben.

Der Gesichtssinn ist der einzige Sinn, den wir bewußt abschalten können. Dazu brauchen wir nur die Augen zu schließen.

Und es gibt noch einen Unterschied zu anderen Sinnen: Wir können selbst Lärm erzeugen, den wir auch hören; wir können Gerüche und Geschmacksstoffe absondern und wahrnehmen; und wir können einander betasten. Aber der menschliche Körper kann kein Licht selbst erzeugen. Ohne Lichtquellen, die von uns unabhängig sind, bleibt die Welt für uns unsichtbar. Wir sehen nur etwas, was Licht — also eine bestimmte Sorte elektromagnetischer Strahlen — aussendet. Das kann ein „Leuchtkörper" wie die Sonne sein, eine Kerze oder eine Lampe. Aber es kann auch ein Körper sein, der nicht von allein leuchtet, sondern das Licht der Sonne, einer Kerze oder Lampe reflektiert. Anders als Töne, die ohne Luft nicht zu unserem Hörsinn gelangen, braucht Licht kein Medium, um gesehen zu werden. Licht strahlt durch die luftleeren Weiten des Weltraums.

Doch sichtbares Licht ist nur ein winziger Ausschnitt der elektromagnetischen Strahlen, die das Universum durchrauschen. Im Auge wird gefiltert, was wir sehen können und was nicht: Für radioaktive Strahlen oder Radiosendungen haben keine optischen „Empfangsstationen".

Auch Wärmestrahlen nehmen wir nicht über das Auge wahr, sondern über ein anderes Sinnesorgan, über die Haut.

Einen Lichtstrahl kann man sich als einen Strahl winziger Energiepakete vorstellen, die von leuchtenden Körpern wie Staubkörner ständig und geradlinig verschossen werden. Die Pakete (oder Lichtquanten) haben unterschiedlich viel Energie. Wenn sie auf das Auge treffen, passiert folgendes: Die Linse bündelt das Licht und leitet es unter die Netzhaut, wo 130 Millionen lichtempfindliche Zellen liegen. Bestimmte Zellen (die Stäbchen) melden die Lichtstärke. Andere Zellen (die Zapfen) messen die Energie. Am einen Ende des Lichtspektrums stehen „kraftvolle" Pakete, die rot erscheinen, am anderen sind „schwache" violette Teilchen. Die optischen Signale gelangen über den Sehnerv ins Gehirn, und zwar als Folge von elektrischen Signalen. Erst das Gehirn verwandelt dieses Gewitter winziger Impulse in Bilder. Dabei leistet es kreative Arbeit. Es läßt uns aus einer unglaublichen Fülle von Informationen das erkennen, was wir als Menschen erkennen müssen. All diese Vorgänge laufen unbewußt ab. Bewußt wird uns erst das Endprodukt: Das, was wir schließlich sehen und was wir dann für die „Wirklichkeit" halten.

FRAGEN & VERSUCHE ZUM SEHEN

Warum blendet uns helles Licht?

Die schwarzen Punkte in der Mitte der Augen sind die Pupillen. Durch sie fällt Licht in das Auge hinein.

Bei Dunkelheit sind die Pupillen ziemlich groß, damit das Auge möglichst viel Licht einfangen kann. Bei strahlendem Sonnenschein werden sie kleiner. Jetzt lassen sie nur wenig Licht durch. Das Auge gleicht unterschiedliche Helligkeitsgrade automatisch aus. Die Pupillen verengen oder erweitern sich je nach Stärke des Lichteinfalls. Nach Möglichkeit halten sie die Lichtmenge, die auf die Netzhaut fällt, konstant.

Wenn wir jedoch aus einem dunklen Zimmer in die helle Sonne treten, fühlen wir uns geblendet. Denn die Augen haben nicht genug Zeit gehabt, sich umzustellen. Die Pupillen lassen noch zuviel Licht durch.

Versuch: Wir sitzen in einem abgedunkelten Raum und schauen uns gegenseitig in die Augen. Die Pupillen sind groß.
Nun wird Licht eingeschaltet. Wir können zusehen, wie sich die Pupillen langsam verengen. Dann wird das Licht wieder gedämpft.

Wozu brauchen wir zwei Augen?

Wenn wir auf die Nase schielen, sehen wir sie von zwei Seiten: Jedes Auge sieht eine Seite. Wir können das besonders gut erkennen, wenn wir die Augen abwechselnd zukneifen.

Auch von weiter entfernten Dingen nimmt jedes Auge sein eigenes Bild auf. Die Bilder sind verschieden, weil die Augen auseinanderstehen. Vom Gehirn werden die beiden Bilder zu einem räumlichen Bild verarbeitet.

Dadurch erkennen wir, ob Dinge flach sind oder einen richtigen Körper haben, wie weit sie weg sind, ob sie hintereinander- oder nebeneinanderliegen. Mit nur einem Auge kann man das schwer abschätzen.

Versuch: Wir halten eine Münze in knapper Entfernung senkrecht vor die Augen, so, daß der Rand zur Nase zeigt. Wenn wir das linke Auge schließen, sehen wir die eine Seite der Münze, wenn wir das rechte Auge schließen, die andere Seite.

Versuch: Wir befestigen einen Bleistift an einer Schnur und lassen ihn in Reichweite von der Decke baumeln.

Nun verbinden wir ein Auge mit einem Tuch. Mit dem Zeigefinger versuchen wir, den Bleistift von der Seite her anzutippen. Wahrscheinlich treffen wir ihn nicht, sondern tippen vor oder hinter den Bleistift. Wir sehen zwar, in welcher Richtung sich der Bleistift befindet. Wir erkennen aber nur schlecht, wie weit er entfernt ist. Mit zwei offenen Augen geht das viel leichter.

DREIERBILDER

In jedem Bild stecken drei Tiere. Aber man kann immer nur eines sehen: zum Beispiel einen Schmetterling oder einen Elefanten oder einen Fisch. Das Geheimnis: Auf den Blickwinkel kommt es an!

BASTELMATERIAL

Fotokarton oder Künstlerkarton in Weiß, Hellgrün, Hellblau, Maisgelb, Dunkelblau, Grau; beliebiger Karton; Tonpapier in Weiß und Hellgelb; Farbstifte; dicker Filzstift in Schwarz; Klebestift; Schere oder Cutter; Lineal

VORLAGEN

Siehe Seite 102: Elefant 15a, Schmetterling 15b, Fisch 15c

BASTELANLEITUNG

Gemaltes Dreierbild: Zwei Rechtecke von 14 x 16 cm und ein Quadrat von 14 x 14 cm aus weißem Fotokarton ausschneiden. Drei verschiedene Tiere, zum Beispiel Schmetterling, Fisch und Pferd, aufmalen.

Alle drei Bilder in zwei Zentimeter breite Längsstreifen zerschneiden.

Der Zeichnung und dem Foto entsprechend, einen Streifen von 46 x 14 cm aus festem, weißem Papier (Tonpapier, Kalenderblatt o.ä.) in Abständen von 2 cm vorprägen und falten. Jeweils die beiden zu einem Zacken hochgebogenen Streifen an der Innenseite aneinanderkleben.

Die Streifen des quadratischen Bildes auf die flach liegenden Abschnitte kleben.

Die Streifen des einen rechteckigen Bildes jeweils auf die linke Seite der hochstehenden Abschnitte kleben. Die Streifen des anderen Bildes kommen immer auf die rechte Seite. Das Dreierbild mit den flach aufliegenden Abschnitten auf einen dunkelblauen Fotokarton kleben. Diesen zur Verstärkung noch auf einen beliebigen anderen Karton aufziehen. Der Überstand sollte auf allen Seiten etwa 2 cm betragen.

Das Bild kann mit einem Aufhänger versehen und in Augenhöhe aufgehängt werden. Je nach Blickwinkel erscheint ein anderes Tier.

Gebasteltes Dreierbild: Aus weißem Künstlerkarton einen Schmetterling ausschneiden, leicht blau einfärben und mit schwarzem Filzstift umrahmen. Auf gelben Fotokarton von 16 x 14 cm kleben. Die Flügel mit hellblauem Fotokarton und schwarzem Stift ausgestalten.

Aus maisgelbem Karton einen Goldfisch ausschneiden, und ebenfalls mit schwarzem Stift umrahmen. Auf ein dunkelblaues, 14 x 14 cm großes Quadrat kleben. Einzelne Schuppen aus Tonpapier in helleren Gelbtönen auf den Körper kleben. Das Auge schwarz einzeichnen.

Aus grauem Karton einen Elefanten ausschneiden und schwarz konturieren. Auf ein 16 x 14 cm

großes Rechteck aus hellgrünem Fotokarton kleben. Der Elefant erhält schließlich noch einen Stoßzahn aus weißem Fotokarton.

Die Bilder, wie oben beschrieben, zerschneiden und aufkleben.

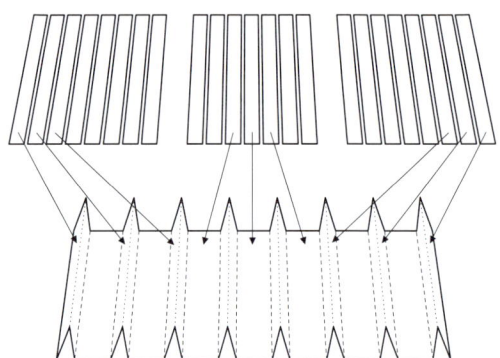

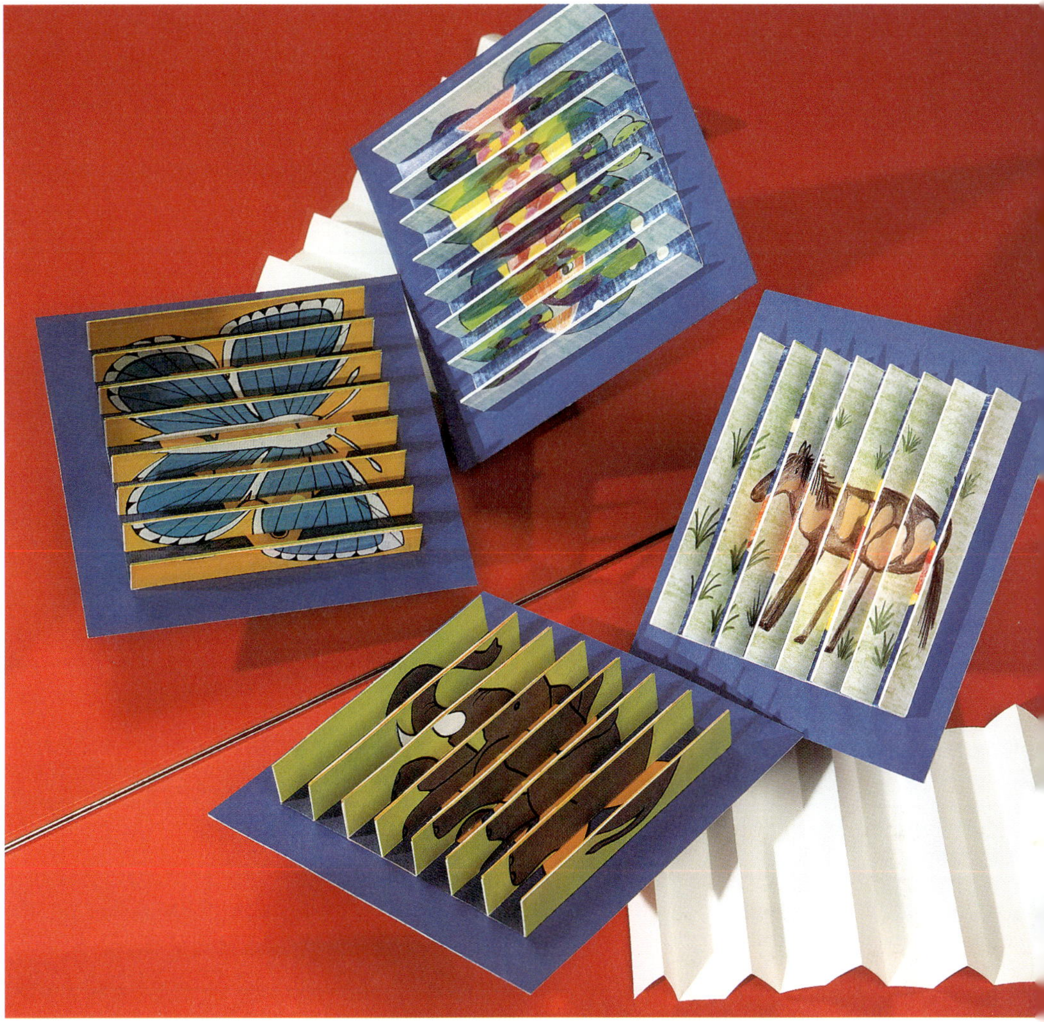

Wie kommen die Bilder in das Auge?

 Sehen können wir nur Dinge, die Licht ausstrahlen. Das kann die Sonne sein, eine Kerzenflamme oder ein anderer leuchtender Körper.

Wir sehen aber auch Dinge, die von der Sonne oder von einer Lampe beschienen werden. Denn beleuchtete Dinge lassen die Lichtstrahlen von sich abprallen, so wie die Wand einen Ball zurückspringen läßt. Mit den Augen fangen wir die Lichtstrahlen auf, und im Gehirn entsteht daraus das Bild, das wir sehen.

Die Blume im Garten sehen wir deshalb, weil Sonnenlicht auf die Blume trifft. Die Blume schickt das von der Sonne geliehene Licht weiter in die Umgebung. Wenn wir die Blume betrachten, treffen diese Lichtstrahlen durch ein kleines Loch, die Pupille, in unsere Augen. Hinten im Auge liegt die Netzhaut mit unzähligen lichtempfindlichen Stellen. Hier entsteht ein kleines Lichtbild der Blume. Denn die Netzhaut meldet, wo genau die Lichtstrahlen auftreffen, wie hell sie sind und welche Farbe sie haben. Nervenleitungen senden diese Botschaft an das Gehirn, und wir sehen die Blume. Dabei sehen wir immer nur das, worauf wir die Augen richten. Was hinter der Ecke passiert, können wir vielleicht hören oder riechen, nicht aber sehen. Denn in welche Richtung wir auch gucken – der Blick geht immer geradeaus. Und er trifft nur auf die Vorderseite der Dinge. Wollen wir die Blume im Garten von einer anderen Seite sehen, müssen wir sie umdrehen oder um sie herumgehen.

Deshalb sehen wir auf dem Dreierbild auch immer nur ein Bild: einen Schmetterling, einen Elefanten oder einen Fisch.

SICHERHEITSSTRAHLER

**Wenn Licht auf die kleinen Gestalten fällt, beginnen sie zu glitzern und zu schimmern.
Und im Dunkeln leuchten sie. Da übersieht sie keiner.**

BASTELMATERIAL

Moosgummi, 2 mm stark, in Schwarz, Weiß, Blau und Hellbraun; Moosgummi, 1 mm stark, in Rot; Hologrammpapier; Dekorlack in Schwarz; Schere; Klebestift; evtl. Anstecknadeln

VORLAGEN

Siehe Seite 102: Gespenst 16; Igel 17; Pinguin 18; Fisch 19

BASTELANLEITUNG

Hologrammpapier besteht aus vielen kleinen spiegelnden Facetten. Fällt Licht darauf, strahlt und schimmert es. Deshalb eignet es sich gut zum Basteln von Sicherheitsstrahlern.
Diese können auf der Rückseite mit einer Anstecknadel versehen werden.

Gespenst: Die Form aus weißem Moosgummi ausschneiden. Mit Ausnahme der Hände ganzflächig Hologrammpapier aufkleben. Aus diesem bereits zuvor Augenhöhlen ausschneiden. Mit schwarzem Dekorlack Augen und Nase auftupfen.

Igel: Aus hellbraunem Moosgummi ausschneiden. Mund, Nase und Auge mit schwarzem Dekorlack aufmalen. Zahlreiche Dreiecke aus Hologrammpapier als Stacheln aufkleben.

Pinguin: Aus schwarzem Moosgummi ausschneiden. Den Bauch mit Hologrammpapier bekleben. Schnabel und Füße aus rotem Moosgummi befestigen. Augen aus schwarzem Dekorlack auftupfen.

Fisch: Aus blauem Moosgummi ausschneiden, und mit Hologrammpapier bekleben. Mit schwarzem Dekorlack ein Auge aufmalen.

Warum leuchten Katzenaugen bei Nacht?

 Wenn man eine Katze in der Dunkelheit anstrahlt, zum Beispiel mit einer Fahrradlampe, dann blinken ihre Augen auf. Sie sehen aus wie zwei glühende Scheiben.
Warum ist das so?
Katzen sind Nachttiere. Sie müssen im Dunkeln gut sehen können. Deshalb sind ihre Augen anders aufgebaut als Menschenaugen. Im Innern eines Katzenauges spannt sich eine spiegelnde Haut. Sie fängt auch ganz schwaches Licht ein. Und dank dieser Haut sehen Katzen in der Dämmerung so gut wie wir Menschen bei Tag. Wenn ein Lichtstrahl auf ein Katzenauge trifft, wird er zurückgespiegelt. Das Auge blinkt auf. Dies sieht man allerdings nur, wenn es rundherum dunkel ist. Tageslicht ist dafür zu hell. Sicherheitsstrahler an Fahrrädern oder Autos nennt man auch Rückstrahler oder Katzenaugen. Sie funktionieren so ähnlich wie die Augen einer Katze. Sicherheitsstrahler bestehen aus vielen kleinen spiegelnden Flächen. Wenn der Lichtstrahl eines Autoscheinwerfers oder einer Fahrradlampe auf sie fällt, werfen sie das Licht zurück. Es sieht aus, als würden die Sicherheitsstrahler von sich aus leuchten. Mit solchen Strahlern kann man im Dunkeln besser gesehen werden.

ZAUBERSPIEGEL

Wir stellen zwei kleine Zauberer vor den Spiegel – und plötzlich sehen wir einen Reigen von fünf, sechs, sieben, acht kleinen Zauberern … Große Zauberei?

BASTELMATERIAL

Spiegel: jeweils 2x: Karton, 17 x 13 cm; Tonpapier, 14 x 10 cm; Bastelpapier in Silber, 24 x 20 cm; Baumwollband 6 x 3 cm; Klebestift

2 Zauberer: 2 Fingerpuppenrohlinge aus Holz, ca. 7 cm; Pfeifenputzer in Rot und Blau; 4 Holzperlen, ca. 5 mm Ø; Filz in Rot und Blau; Nadel und Faden; Klebstoff

VORLAGEN

Siehe Seite 102: Zauberer 20a – 20b

BASTELANLEITUNG

Spiegel: Silberpapier mit der Spiegelfläche nach unten vor sich legen. Jeweils ein Kartonstück darauflegen. Das Silberpapier an den Seiten umschlagen

Die beiden Teile mit den schmalen Seiten so nebeneinanderlegen, daß sie sich berühren. Die Spiegelfläche zeigt weiterhin nach unten.

Oben und unten jeweils ein Baumwollband über die „Naht" legen und mit einem Spielraum von etwa 5 mm rechts und links festkleben.

Zum Schluß die beiden Rückseiten mit Tonkarton beziehen.

Zauberer: Mützen aus Filz ausschneiden und tütenförmig zusammenkleben.

Die Filzmäntel jeweils an einer Längsseite mit Reihstichen einfassen; dabei die Fadenenden überstehen lassen.

Holzfiguren mit Armen aus Pfeifenputzern versehen. Den Mantel oberhalb umbinden. Die Arme durch die Armlöcher stecken, und Hände aus Holzperlen ankleben.

SPIELVORSCHLAG

Der Spiegel wird winkelförmig aufgestellt. Nun kann man spielen und experimentieren: Alles, was man zwischen die beiden Spiegelflächen stellt oder legt, sieht man mehrfach. Verblüffende Bilder ergeben sich.

Und wenn man an beiden Spiegelflächen entlang bunte Formen aufreiht und die Spiegelflächen dann langsam zusammenschiebt, verändern sich die Bilder fast wie in einem Kaleidoskop.

Wie funktioniert ein Spiegel?

 Ohne Spiegel kann sich niemand selbst ins Gesicht gucken. Was wir von uns sehen, sind Arme, Beine, Brust und Bauch und – beim Schielen – auch die Nase. Um uns selbst ganz zu sehen, brauchen wir einen Spiegel. Er hat eine sehr glatte Oberfläche. Deshalb wirft er die Lichtstrahlen, die auf ihn treffen, sehr sauber und gerade zurück. Wenn wir uns im Spiegel betrachten, werden wir von der Sonne oder einer Lampe beleuchtet. Die Lichtstrahlen, die von unserer Haut, den Haaren und Kleidern zurückgeworfen werden, treffen auf den Spiegel. Dort entsteht ein Spiegelbild von uns. Das heißt, der Spiegel fängt die von uns ausgesandten Lichtstrahlen auf und wirft sie unverändert zurück. Dann fangen unsere Augen dieses Spiegelbild wieder auf, und wir sehen uns selbst.

Das Spiegelbild kann man mit einem zweiten oder dritten Spiegel noch ein-

mal spiegeln, und dabei gibt es immer neue Spiegelbilder. Wir können uns zum Beispiel mit dem Rücken zu einem großen Spiegel aufstellen und in einen kleinen Spiegel gucken. Wenn wir den Handspiegel richtig halten, sehen wir darin auch unser großes Spiegelbild – und jetzt können wir unseren Hinterkopf und unseren Rücken anschauen.

Etwas ähnliches machen auch unsere kleinen Zauberer. Wir sehen sie – und dann ihr Spiegelbild, und wenn wir noch einen Spiegel dazustellen, sehen wir sogar das Spiegelbild vom Spiegelbild. Plötzlich haben sich die Zauberer und Sternchen und Knöpfe vermehrt – das heißt, nicht die Dinge, sondern nur ihre Spiegelbilder.

GESPENSTERTURM

Geisterstunde! Wer durch das Tor des Gespensterturms schaut,
sieht dort unheimlich verzerrte Gestalten.

BASTELMATERIAL

rundes Glas mit Deckel, Umfang hier 22,5 cm;
Reborn-Karton in Rot; Fotokarton in Dunkelblau
und Weiß; Filzstift in Schwarz; Farbstifte in
Hellblau und Rot; Schere; Klebestift

VORLAGEN

Siehe Seite 102: Gespenster 21a – 21b;
Turm 21c

BASTELANLEITUNG

Glas mit Wasser füllen und verschließen.
Den Deckel mit einem Kreis aus Reborn-Karton
bekleben.
Am Glas Maß nehmen, und Reborn-Karton ent-
sprechend zuschneiden (Zugabe für Kleberand).
Tore, Ziegel und Zinnen mit schwarzem Filzstift
und rotem Farbstift auf den Karton zeichnen.
Das vordere Tor kommt in die Mitte, das
deckungsgleiche hintere Tor kommt an die
äußeren Ränder.
Den Karton anschließend mehrmals über eine
Tischkante ziehen, bis er sich einrollt.
Die Tore ausschneiden, den Turm zusammen-
kleben und über das Glas stülpen.
Gespenster aus weißem Fotokarton ausschneiden.
Die Gesichter mit schwarzem Filzstift und hell-
blauem Farbstift aufmalen.

Einen etwa 23 cm langen und 11 cm breiten
Streifen aus dunkelblauem Fotokarton mit zwei
kleinen Gespenstern und einem großen bekleben. Je nach Belieben auch Gespenster auf
den Turm kleben.

Kann Wasser Gespenster verbiegen?

 In der Luft laufen Lichtstrahlen
immer geradeaus. Und wenn
sie zum Beispiel auf einen
Baum treffen, werden sie ab-
gestoppt und gerade zurückgeworfen.
Andere Dinge wie Glas oder Plastik
sind durchsichtig. Durch ein Fenster
kann das Licht durchscheinen. Und
wir können durchgucken, als wenn
das Glas Luft wäre.
Auch Wasser läßt Licht durch. Und bei
klarem Wasser sehen wir die Fische
im Teich. Denn das Licht fällt auf sie
und wird zurückgeworfen. Dabei passiert etwas Merkwürdiges: Die Lichtstrahlen gehen zwar durch das Wasser
durch, aber sie werden dabei gebogen.
Die Fische sind in Wirklichkeit gar
nicht dort, wo wir sie sehen. Und sie
sind auch anders, als wir sie sehen:

Führt man den Streifen mit den Gespenstern
1 bis 2 cm hinter dem Glas vorbei, sieht man
die Gespenster im Torbogen auf unheimliche
Weise verzerrt. – Das gleiche kann man natürlich mit anderen Wesen und Dingen ausprobieren.

länger vielleicht oder dicker oder
schmaler.
Unser Gespenstertum zeigt, wie das
funktioniert: Wenn die Gespenster
hinter dem Wasserturm vorbei-
wandern, scheinen sie ihre Gestalt
zu verändern. Sie werden mal dicker
und mal dünner. Denn das Wasser
lenkt die Lichtstrahlen ab.
Auch Brillengläser lenken Lichtstrahlen
ab. Wenn jemand schlecht sieht, fallen
die Lichtstrahlen nicht auf die richtige
Stelle im Inneren des Auges. Brillengläser gleichen diesen Sehfehler aus.
Sie sind an verschiedenen Stellen verschieden dick. Die Lichtstrahlen, die
durch die Gläser gehen, werden abge-
lenkt. Sie kommen im Auge nun an
der richtigen Stelle an, und man sieht
wieder scharf.

44

DIE ELSTER UND DIE EIER

Ganz schön viele Eier hat die diebische Elster in ihrem Nest. Eier in allen Größen. Gar nicht so einfach, diese Eier zu ordnen. Wem mag's wohl gelingen?

BASTELMATERIAL

Bastelwellpappe in Braun, Gelb, Grau, Rot, Grün, Weiß und Schwarz; Fotokarton; 12 Wackelaugen, 5 mm Ø; Filzstift in Dunkelgrün; Klebstoff; Schere

VORLAGEN

Siehe Seite 102: Nest 22a – 22b; Vogel 22c; Eier 23a – 23e

BASTELANLEITUNG

Nach den Vorlagen Schablonen für die Vögel, die Eier und die Nester anfertigen. Beim Übertragen auf die Wellpappe die Wellenstruktur beachten.
Alle Teile aus doppelt geklebter Pappe (Innenfläche auf Innenfläche) erstellen.

SPIELVORSCHLÄGE

Mitspieler: 2 oder mehr Kinder ab 4 Jahren
Spielmaterial: Vogelnester und Eier

1. Die diebische Elster sitzt im großen Nest und bewacht ihre reiche Eierbeute.
Jeder Mitspieler hat ein leeres Nest mit einem Vogel vor sich.
Die Nester sollen nach und nach mit fünf Eiern verschiedener Größe gefüllt werden.
Zuvor wird die Reihenfolge der Eier vereinbart: von groß nach klein oder umgekehrt oder durcheinander. (Oder immer nur eine ganz bestimmte Größe.)
Reihum nehmen die Spieler nun in jeder Runde ein Ei aus dem großen Nest und legen es in ihr Nest. Wer ein falsches Ei nimmt, muß es in das Nest der Elster zurücklegen.
Wer hat als erster alle Eier in sein Nest zurückgeholt?

Woher wissen wir, wie groß etwas ist?

Ein Luftballon, den wir dicht vor die Augen halten, erscheint sehr groß. Das Bild vom Ballon, das wir im Auge haben, füllt den ganzen Blick aus. Wenn wir den Ballon dann aufsteigen lassen, scheint er mit der Zeit zusammenzuschrumpfen. Sein Bild wird immer kleiner. Wir wissen aber, daß der Ballon in Wirklichkeit gleich groß bleibt. Deshalb erkennen wir, daß er immer höher steigt und daß er sich immer weiter entfernt. Bei Dingen, von denen wir wissen, wie groß sie sind, können wir die Entfernung gut einschätzen.
Umgekehrt können wir die Größe eines Dinges besser einschätzen,

wenn wir die Entfernung kennen. Wenn wir zum Beispiel einen Flugdrachen in der Hand halten, sehen wir genau, wie groß er ist. Wenn wir aber einen fremden Drachen nur fliegen sehen, müssen wir raten. Dann könnte es ein großer Drachen sein, der hoch am Himmel fliegt, aber auch ein kleiner Drachen, der noch ziemlich nahe ist.
Am leichtesten können wir die Größe von Dingen einschätzen, wenn sie nebeneinanderstehen oder nebeneinanderliegen – so wie die Eier der Elstern in unserem Spiel. Dann können wir gut sehen, welche gleich groß sind, welche größer und welche kleiner sind.

2. Zwei Kinder spielen miteinander. Beide bekommen jeweils ein Vogelnest und fünf Eier in verschiedenen Größen. In jeder Runde reicht das eine dem anderen Kind ein Ei; dieses Kind muß das Ei an die richtige Stelle in seinem Nest legen. Stimmt der Platz nicht, geht das Ei wieder zurück.

3. Gespielt wird mit Eiern in drei oder fünf verschiedenen Größen.
Der Spielleiter nimmt ein Ei aus dem Nest der Elster und hält es hoch: Wer zuerst sagen kann, ob das Ei groß, mittel, klein (bzw. riesengroß oder winzigklein) ist, darf es in sein Nest legen. Wer hat das Nest zuerst gefüllt?

BÄRENHUNGER

Welcher Bär reißt das Maul weiter auf? Der kleine oder der große?
Der kleine Bär natürlich! – Oder doch der große?

BASTELMATERIAL

2 Papprollenstücke von Küchenpapier, 8 cm lang;
Karton; Künstlerkarton in Rehbraun und Creme;
Moosgummi in Schwarz; Dekorlack in Schwarz;
Bastelfarbe in Schwarz; Pinsel; Schere; Klebestift

VORLAGEN

Siehe Seite 102: Bären 24a – 24d

BASTELANLEITUNG

Die beiden Papprollenstücke innen mit schwarzer
Bastelfarbe bemalen und außen mit braunem
Künstlerkarton verkleiden.
Ein Ende regelmäßig nach 5 mm einschneiden
(5 mm tief); die Laschen nach außen biegen.
Die Köpfe der Bären aus braunem Karton
ausschneiden. Die Ohren mit einem creme-
farbenen Innenteil und den Bereich der Augen
mit zwei Kreisen bekleben. Eine schwarze Nase
aus Moosgummi ankleben, und mit Dekorlack
schwarze Pupillen auftupfen. Die Mundöffnung
mit einer kleinen Schere ausschneiden.
Den Kopf anschließend so auf die umgebogenen
Laschen der Rolle kleben, daß Maul und Rollen-
öffnung übereinstimmen.
Die Bären kann man auf Füße aus Karton
setzen, die zusätzlich mit braunem Karton ver-
kleidet sind.

SPIELVORSCHLAG

Die Bären eignen sich als Utensilo für den
Schreibtisch, aber auch für Wurfspiele: Dazu
stellt man die Bären mit dem Mund nach oben
auf den Boden oder einen Tisch, verteilt kleine
weiche Bälle und Kugeln (zum Beispiel aus
Watte oder Wolle) — und dann kann es auch
schon losgehen. Wer trifft am besten?

Warum hat der kleine Bär so ein großes Maul?

Im Vergleich zu seinem kleinen
Kopf scheint unser kleiner Bär
ein ziemlich großes Maul zu
haben. Und der große Bär mit
seinem großen Kopf scheint ein kleines
Maul zu haben.
Aber das täuscht.
Wenn wir die Bären mit gleich großen
Bällen füttern, können wir gut vergleichen. Und dann sehen wir, daß bei
beiden Bären das Maul genau gleich
groß ist.
So etwas nennt man eine optische
Täuschung. Dabei spielen uns die Augen
einen Streich. Die Täuschung kommt
zustande, weil wir das Bärenmaul gar
nicht angucken können, ohne auch
den Kopf zu sehen. Wir sehen die
Dinge immer in ihrer Umgebung.
Deshalb glauben wir, das Maul im
kleinen Bärenkopf wäre größer.
Aus dem gleichen Grund erscheint
uns ein kleiner Stuhl größer, wenn
er in einem kleinen Kämmerchen
steht. Und ein Kind fühlt sich unter
lauter Erwachsenen kleiner als unter
anderen Kindern.
Und wie geht es uns beim Essen?
Angenommen, einer bekommt seine
Nudeln auf einem riesigen Teller
serviert und ein anderer auf einem
kleinen Teller, wo die Nudeln sogar
noch über den Rand hängen. Angenommen, die Portion ist genau gleich
groß. Wer von den beiden glaubt,
daß er mehr bekommen hat?

RATEBÜCHER

Rate, rate, was ist das?
Der Rüssel gehört sicher zu einem Elefanten.
Und der lange rosa Hals? Vielleicht zu einem Flamingo? Und die graue Schwanzflosse?
Und der kleine rote Schnabel?

BASTELMATERIAL

Reborn-Karton in Blau, Grün, Rot und Flieder; Schreibmaschinenpapier; Künstlerkarton in Mittelgrau, Weiß, Schwarz, Hellgrau, Hellbraun, Blau und Grün; Farbstifte; dicker Filzstift in Schwarz; Wollrest; Schere; Locher; Lineal; Klebestift; Klebeband; evtl. Cutter

VORLAGEN

Siehe Seite 102: Tiere 25 – 30; Fenster 31

BASTELANLEITUNG

Kleine Ratebücher: Aus blauem Reborn-Karton Buchseiten von 15 x 12,5 cm ausschneiden. Jedes Blatt an der linken Kante lochen; anschließend Wolle durch die Löcher ziehen, um die Blätter miteinander zu verbinden. Die Enden so verknoten, daß genügend Spielraum zum Umblättern bleibt.

Aus Illustrierten Tiere ausschneiden, die nicht höher als 12,5 cm und nicht länger als 15 bis 20 cm sind. Jeweils so knicken und aufkleben, daß auf der Vorderseite nur ein Detail, zum Beispiel der Schwanz, sichtbar ist. Der größte Teil des Tieres wird um die rechte Kante der Seite nach hinten gebogen und auf die Rückseite geklebt.

Wer keine passenden Tiere findet, kann sie auch selbst herstellen: Die Tiere zunächst mit einem dicken schwarzen Filzstift auf Künstlerkarton oder Tonpapier aufmalen und an den

Woran erkennen wir einen Hund?

Jeder von uns weiß, wie ein Hund aussieht: ein Tier mit vier Beinen, mit einem Schwanz, mit Fell und einer Hundeschnauze. Wir können die Augen schließen und uns vorstellen wie ein Hund aussieht – oder eine Katze, eine Blume, ein Auto. Von Dingen und Wesen, die wir schon oft gesehen haben und die wir deshalb gut kennen, haben wir ein Bild im Kopf. Es zeigt uns, was zum Beispiel einen Hund von allen anderen Lebewesen unterscheidet und was ihn damit zu einem Hund macht.

Wenn uns nun ein Tier entgegenkommt, können wir sofort erkennen, ob es ein Hund ist oder eine Katze oder etwas anderes. Wir vergleichen das, was wir sehen, mit den Bildern, die wir im Kopf haben. Und wenn es zu unserer Vorstellung von einem Hund paßt, dann wissen wir auch: es muß ein Hund sein. Egal, ob er groß ist wie eine Dogge oder klein wie ein Dackel.

Oft reicht es schon, wenn wir das Hinterteil eines Hundes hinter der nächsten Ecke verschwinden sehen – und wir erkennen, was für ein Tier

hier davonläuft. Vorderbeine und Kopf denken wir uns einfach dazu. Auch wenn wir unter einem Vorhang nur zwei Katzentatzen sehen, wissen wir sofort: dahinter steckt eine ganze Katze.

So können wir uns mit den Augen flink und sicher in der Welt zurechtfinden, ohne daß wir alles immer wieder ganz genau angucken müssen. Bekannte Dinge erkennen wir mit einem schnellen Blick wieder, auch wenn wir nur Teile davon sehen. Unsere Ratebücher zeigen uns, wie geschickt wir dabei sind.

Umrissen entlang ausschneiden. Dann mit Karton, mit Farbstiften und schwarzem Filzstift ausgestalten.

Jede Tierform knicken (siehe Vorlagen) und auf die Vorder- bzw. Rückseite der Blätter kleben.

Ratebuch „Das Fenster zum Zoo": Für jedes „Fenster" zwei A4 große Rechtecke aus blauem, rotem oder fliederfarbenem Reborn-Karton ausschneiden.

Jeweils aus dem Deckblatt ein Fenster ausschneiden — am besten mit einem Cutter. (Den Cutter sollten nur Erwachsene benutzen!) Den Fensterrahmen mit schwarzen Filzstift aufmalen. Auf das zweite Rechteck einseitig blauen oder grünen Künstlerkarton aufziehen.

Ein Blatt Schreibmaschinenpapier zweimal doppelt legen und falten und so in vier Felder aufteilen. Mit schwarzem Filzstift die Umrisse von vier Tieren aufzeichnen. Mit Farbstiften ausmalen.

Die Tiere an den Umrissen entlang ausschneiden und so auf den Künstlerkarton kleben, daß im Fensterausschnitt des Deckblattes ein kleines, aber markantes Detail sichtbar ist.

An der oberen oder linken Kante werden beide Blätter mit Klebeband zusammengehalten.

Wenn weitere Fenster hinzukommen, können die Blätter auch gelocht und mit einem Wollrest zu einem Ratebuch zusammengebunden werden.

KUNTERBUNTE CLOWNS

Sie gleichen sich wie ein Ei dem anderen. Oder doch nicht? Da fehlt doch was! Wer findet die Unterschiede?

Warum sehen die Clowns alle gleich aus?

 Gesichter von Menschen können wir gut unterscheiden. Ein schneller Blick in ein Gesicht oder auf ein Foto genügt, und wir wissen, wer das ist oder ob wir den Menschen überhaupt kennen.

Das ist erstaunlich. Denn Gesichter sehen alle ziemlich ähnlich aus. Alle haben einen Mund, eine Nase, zwei Augen und zwei Ohren. Es gibt nur kleine Unterschiede – doch die bemerken wir sofort. Sogar Geschwister, die sich einander ähnlicher sehen als andere Menschen, können wir ohne Mühe auseinander halten.

Gesichter merken wir uns besser als alles übrige in der Welt. Wir können uns unsere Eltern, Freunde und Bekannte vorstellen und erkennen sie sofort wieder. Und wenn wir eine Gruppe von Menschen sehen, finden wir bekannte und vertraute Gesichter sofort heraus. Das ist sehr wichtig. Denn jeder Mensch ist auf andere Menschen angewiesen und muß wissen, mit wem er es zu tun hat.

Bei anderen Dingen sehen wir die kleinen Unterschiede nicht so leicht. Wir alle haben die Hände unserer Freunde schon oft gesehen. Auch Hände sehen alle ein wenig anders aus. Aber wenn sich unsere Freunde hinter einem Vorhang verstecken und nur die Hände zeigen, erkennen wir dann sofort, welche Hände zu wem gehören? Noch schwerer können wir die Unterschiede bei unseren kleinen Clowns erkennen. Die Clowns sind alle ein wenig anders. Doch es macht ziemlich viel Mühe herauszufinden, was wirklich anders ist.

BASTELMATERIAL

Moosgummi in Beige, Grün und bunt gestreift; Fotokarton; wasserfeste Filzstifte in Dunkelblau, Schwarz und Rot; Klebstoff; Deckweiß und Pinsel; kleine Schere

VORLAGEN

Siehe Seite 102: großer Clown 32; kleiner Clown 33

BASTELANLEITUNG

Von allen Vorlagenteilen Schablonen aus Fotokarton anfertigen. Dann einen großen und zehn kleine Clowns aus Moosgummi ausschneiden. Die Gesichter mit Filzstiften bemalen und aufkleben.

Auf den großen Clown alle Accessoires aufkleben, auf die kleinen Clowns zunächst nur die Hände. Bei fünf Clowns jeweils ein unterschiedliches Teil weglassen, die restlichen aufkleben. Bei jedem der übrigen fünf Clowns vor dem Aufkleben etwas vertauschen, zum Beispiel Herzen auf die Schuhe setzen und Bommel auf die Knie …

SPIELVORSCHLÄGE

Mitspieler: 2 oder mehr Kinder ab 3 Jahren
Spielmaterial: 1 großer Clown; 5 bzw. 10 kleine
Clowns

1. Der große Clown liegt in der Mitte, die
kleinen liegen drumherum. Die Kinder suchen
sich nacheinander je einen kleinen Clown aus.
Sie vergleichen ihn mit dem großen, um zu
erkennen, welche Teile fehlen oder vertauscht
sind.
Kinder über fünf Jahre können mit allen zehn
Clowns spielen. Bei kleineren Kindern nimmt
man entweder nur Clowns mit vertauschten
Teilen oder Clowns, denen ein Teil fehlt.

2. Der große Clown liegt wieder zum Vergleich
in der Mitte.
Der Spielleiter hält einen kleinen Clown hoch.
Wer zuerst sieht, was nicht stimmt, darf den
kleinen Clown zu sich nehmen.

STÄBCHEN-BAUKASTEN

**Stein an Stein, Stein an Stein … Was mag das wohl werden?
Ein Schneemann? Ein Esel? Der Osterhase?**

BASTELMATERIAL

bunte Seiten aus Illustrierten oder Kalendern;
Holzleiste, 0,5 x 1 cm, 25 cm lang; Klebestift;
Schere

BASTELANLEITUNG

Die Holzleiste einmal mit Papier umwickeln.
Dann das Papier Stück für Stück mit einem
Klebestift bestreichen und durch fortlaufendes
Drehen der Leiste um sie herumkleben.
Vor allem den Rand gut bestreichen und
andrücken.
Die Holzleiste anschließend herausziehen.
Von der Papierröhre 1 bis 6 cm lange Stücke
abschneiden.

SPIELVORSCHLÄGE

Mitspieler: 2 oder mehr Kinder ab 3 Jahren
Spielmaterial: Stäbchen zum Bauen

1. Ein Kind legt mit den „Bausteinen" Formen
von Gegenständen oder Tieren und läßt die
anderen raten. Wer erkennt am schnellsten, was
hier entsteht?

2. Die Kinder spielen wie zuvor. Wer sieht,
was entstehen soll, darf weiterbauen. Macht
er es richtig?

3. Ein Kind legt ein Tier. Die anderen raten:
„Es geht ein Elefant spazieren?"
Das zweite Kind legt ein Tier dazu. Und wieder
wird geraten: „Es gehen ein Elefant und eine
Maus spazieren?"

4. Ein Kind legt ein Stäbchen. Das nächste Kind
denkt sich eine dazu passende Form und legt
ein zweites Stäbchen an.
So geht es weiter. Was mag wohl dabei raus-
kommen?

Erkennt der Hase ein Hasenbild?

 Ein wirklicher Hase ist natür-
lich etwas ganz anderes als
ein Hase, den wir aus Papier-
stäbchen legen. Ein wirklicher
Hase ist nicht flach. Er ist auch viel
größer und viel schwerer, er hat ein
Fell, und vor allem ist er lebendig. Er
würde sofort vom Tisch hüpfen und
auf und davon hopsen. Trotzdem sagen
wir auch bei dem Legebild: Das ist ein
Hase.
Was haben das Legebild und der Hase
im Wald gemeinsam?
Eigentlich nicht viel. Eigentlich nur
die Hasengestalt, nämlich die Umrisse
von Körper und Kopf, und die Umrisse
der langen Ohren. Diese Form unterscheidet ihn von allen anderen Lebe-

wesen und Dingen, die es auf der Welt
gibt. Wir brauchen nur die Form zu
sehen – und schon erkennen wir im
Legebild einen Hasen. Denn auch wenn
wir beim Spazierengehen am Wald-
rand einen echten Hasen erblicken,
kümmern wir uns nicht darum, wie er
riecht und wie weich sein Fell ist. Wir
erkennen ihn an den Umrissen, an der
äußeren Gestalt.
Menschen sind die einzigen Lebewesen,
die Bilder machen können und die
Dinge auf Bildern wiedererkennen.
Tiere können das nicht. Unser Hase im
Wald würde nicht einmal sein eigenes
Foto wiedererkennen. Ein Hase kann
nur mit richtigen Hasen etwas an-
fangen und mit Bildern gar nichts.

DREHBILDER

Wenn sich die Drehbilder drehen, dann fliegt der Käfer auf die Blume.
Und der Junge erschrickt, weil er einen Knopf verschluckt.

BASTELMATERIAL

Bierdeckel; reißfeste Wolle; Fotokarton oder Künstlerkarton in Blau, Grün, Oliv, Rot, Schwarz, Braun, Fleischfarben, Weiß, Gelb, Maisgelb; Filzstift in Schwarz; Farbstift in Orange; kleine, spitze Schere; Klebestift; Kraftkleber

VORLAGEN

Siehe Seite 102: Käfer 34; Blume 35; Junge 36

BASTELANLEITUNG

Der Käfer auf der Blume: Bierdeckel auf beiden Seiten mit olivfarbenem Karton beziehen.

Wie kommt der Käfer auf die Blume?

 Wenn wir aus dem fahrenden Zug gucken, sausen unsere Augen vorbei an Bäumen und Häusern. Manchmal geht das so schnell, daß wir die Bäume gar nicht richtig erkennen. Wir sehen alles nur verwischt. Die Augen kommen mit der Geschwindigkeit nicht zurecht. Sie haben den Baum noch gar nicht richtig gesehen, da ist schon der nächste Baum da und wieder der nächste …
Die Bilder vermischen sich miteinander.
Das ist das Geheimnis, weshalb sich in einem Film Menschen, Tiere und Autos bewegen. In Wirklichkeit sehen wir lauter Fotos, eins nach dem anderen. Zum Beispiel Fotos von einer gehenden

Frau. Jedes Foto unterscheidet sich nur wenig von dem Foto davor und danach. Die Frau setzt einen Fuß ein Stückchen vor, jetzt noch ein Stückchen und noch ein bißchen …
Wenn die Fotos dann schnell abgespult werden, können wir nicht mehr erkennen, daß es einzelne Fotos sind. Die Bilder vermischen sich, sie gehen ineinander über. Wir haben das Gefühl, die Frau im Film läuft über die Straße.
Etwas Ähnliches geschieht auch bei den Drehbildern. Sie drehen sich so rasch, daß wir die Blume und den Käfer in einem einzigen Bild sehen. Und wir haben den Eindruck, der Käfer setzt sich auf die Blume.

Die eine Seite mit einer weißen Blüte aus Karton bekleben. In die Mitte einen gelben Kartonkreis setzen.
Auf die Rückseite einen Käfer kleben: ein Unterteil mit Beinen, Kopf und Fühlern aus schwarzem Karton, außerdem ovale Flügel aus rotem Karton. In der Mitte der Flügel eine schwarze Trennlinie ziehen. Jeder Flügel erhält außerdem drei Punkte aus schwarzem Karton. Am linken und rechten Rand der Bildscheibe jeweils einen reißfesten Wollfaden verknoten. Dann nimmt man einen Faden in jede Hand, hält die Hände auseinander und schwingt die Fäden so, daß sie sich zusammen mit der Scheibe drehen. Sind die Fäden gut „verdreht", spannt man sie zwischen den ausgestreckten Händen — und schon beginnt die Scheibe, sich von allein ganz schnell zu drehen. So schnell, daß man nicht mehr zwei Bilder, sondern nur noch eines sieht: den Käfer auf der Blume.

Was hat Hans verschluckt? Röntgenbild mit Knopf im Bauch: Bierdeckel auf beiden Seiten mit blauem Karton bekleben.
Den Oberkörper des Jungen aus grünem Karton ausschneiden, mit einem fleischfarbenen Gesicht und braunen Haaren bekleben.
Zuletzt die Hände so an der Rückseite der

Ärmel ankleben, daß die Finger auf den Haaren liegen.

Die ganze Figur mit Klebestift bestreichen und auf den Bierdeckel kleben.

Augen und Mund aus schwarzem, Nase und Backen aus rotem Karton aufkleben.

Auf der Rückseite, in Höhe des Kopfes, etwas befestigen, was der Junge verschluckt haben könnte: zum Beispiel einen Knopf oder einen Fisch.

Wie zuvor an den Rändern Wolle befestigen. Und dann kann gedreht werden …

ALLERLEI KREISEL

Die Kreisel drehen sich – und dann passiert's:
Aus Zebrastreifen werden Ringe, Farben mischen sich und neue entstehen,
Schlangen erwachen zum Leben …

BASTELMATERIAL

Bierdeckel; Rundstab, 6 mm Ø, 8,5 cm lang; Schraubdeckel von Flaschen; Fotokarton in Weiß; Tonpapier oder Fotokarton in Mint, Schwarz, Hochrot, Zitronengelb, Orange, Hellgrün, Mittelblau; Tusche in Schwarz; Hologrammpapier; Spitzer; evtl. kleine Säge; Klebestift; Lineal; Schere

VORLAGEN

Siehe Seite 102: Kreisel 37 – 42

BASTELANLEITUNG

Rundstab an beiden Enden leicht anspitzen, damit die scharfen Kanten abgerundet sind. Schraubdeckel mit einem spitzen Gegenstand durchbohren, und das Loch durch Drehbewegungen langsam so erweitern, daß sich der Rundstab knapp hineinschieben läßt. Auf dem Schraubdeckel liegt später die Kreiselscheibe (Bierdeckel) waagrecht auf. Den beklebten Bierdeckel genau in der Mitte durchbohren. Er sollte wie der Schraubdeckel fest auf dem Rundstab stecken.

SCHWARZWEISS-KREISEL

Beim Drehen entstehen verschiedene Grautöne. Bei schwachem Licht und bestimmter Geschwindigkeit kann man pastellartige Farben sehen. Allerdings werden diese Farben nicht von allen gleich gut wahrgenommen.

Zebrakreisel: Auf einem Kreis aus weißem Fotokarton parallele Linien mit schwarzer Tusche ziehen. Umrisse eines Zebras einzeichnen, den Hintergrund einschwärzen und ein Auge malen. Den Kreis ganzflächig auf den Bierdeckel kleben. Beim Drehen entstehen viele Ringe in verschiedenen Grautönen.

Irrgartenkreisel: Auf einem weißen Kreis aus Fotokarton mit Bleistift vier Kreise und viele Linien, die durch die Mitte führen, leicht einzeichnen. Zwischen diese Hilfslinien unterschiedlich große Felder mit schwarzer Tusche malen. Zum Schluß die Bleistiftlinien ausradieren. Den Kreis auf den Bierdeckel kleben. Bei dem gezeigten Beispiel entstehen drei Ringe in unterschiedlichen Grautönen.

BEWEGUNGS-KREISEL

Wenn sich die Kreisel drehen, geraten die Formen in Bewegung.

Glitzerschlangenkreisel: Bierdeckel mit mintfarbenem Tonpapier beziehen. Ein Segment aus Hologrammpapier aufkleben. Zum Schluß eine „Schlange" aus schwarzem Tonpapier fixieren. Dreht sich der Kreisel rechts herum, scheint sich die Schlange nach außen zu schlängeln. Dreht er sich links herum, schlängelt sie sich nach innen.

Blau-grün-gelber Schlangenkreisel: Bierdeckel ganzflächig mit blauem Tonpapier beziehen. Ein grünes Teilstück darüberkleben; dann die dunkelgelbe „Schlange" befestigen. Beim Drehen beginnt sich auch diese Schlange zu bewegen – nach außen oder nach innen.

FARBKREISEL

Bei schneller Bewegung „vermischen" sich die Farben.

Rot-gelber Kreisel: Bierdeckel mit hochrotem Tonpapier beziehen; gelbes Teil aufkleben, und zum Schluß einen kleinen roten Kreis in die Mitte setzen.
Man sieht beim Drehen vier Ringe; einer erscheint in Orange.

Gelb-rot-blauer Kreisel: Bierdeckel zu jeweils einem Drittel mit Rot, Blau und Gelb verkleiden. Drei Kreisbögen aus den gleichen Farben darüberkleben.
Beim Drehen sieht man auch die Mischfarben Grün und Orange.

Warum wird der Kreisel bunt?

Die Lichtstrahlen selbst können wir nicht sehen. Wir sehen immer nur die Dinge, die vom Licht beschienen werden, und dann erkennen wir auch Farben. Das funktioniert so: Lichtstrahlen sind aus allen Farben zusammengesetzt, die es überhaupt gibt. Wenn die Sonne auf einen Grashalm scheint, dann verschluckt er alle Farben außer der Farbe Grün. Nur der grüne Teil des Lichtes wird vom Gras zurückgestrahlt, und deshalb sehen wir grünes Gras. Ein roter Ball verschluckt alle Farben außer Rot, er wirft nur Rot zurück. Das liegt an den Farbstoffen. Das sind winzig kleine Teilchen in der Oberfläche des Grashalmes oder des roten Balles. Grüner Farbstoff wirft den grünen Teil des Lichtes zurück. Das Gras hat diesen grünen Farbstoff, und deshalb erscheint es grün.

Wenn wir Dinge anmalen, dann bestreichen wir die Oberfläche mit Farbstoffen. Mischt man diese, entstehen neue Farben.

Farben scheinen sich auch zu vermischen, wenn sich farbige Dinge schnell bewegen. Wenn sich zum Beispiel ein Kreisel schnell dreht, sehen wir neue Farben. Doch das ist eine Täuschung. In Wirklichkeit bleiben die Farben gleich. Aber der Kreisel dreht sich so schnell, daß unsere Augen die Farben nicht unterscheiden können. Sie sehen zusammengemischte Farben.

Um Farben sehen zu können, brauchen unsere Augen Licht. In der Dämmerung verschwinden die Farben und verwandeln sich in Grau oder Schwarz. Deshalb sagt man auch: „In der Nacht sind alle Katzen grau."

Riechen & Schmecken

Fast alle Dinge in der Welt senden Düfte und Gerüche aus. Die verschiedenen Pflanzen und Tiere haben ihre eigenen Gerüche. Der Erdboden riecht überall anders. Sogar Bäche und Teiche schicken Gerüche in die Luft. Dazu kommen die vielen tausend Gerüche der Dinge, die von Menschen gemacht wurden: Autoreifen, Möbel, Seife, Lack ...

Die Welt ist von Gerüchen erfüllt. Aber normalerweise merken wir das gar nicht. Denn an Gerüche gewöhnt man sich schnell, und dann riecht man sie nicht mehr. Außerdem sind die allermeisten Gerüche für eine Menschennase zu fein. Manche Gerüche sind stark und widerlich. Sie warnen uns vor Gefahren, zum Beispiel vor verdorbenen Lebensmitteln. Von faulen Eiern könnten wir krank werden, deshalb hält uns ihr Gestank davon ab, sie zu essen. Auch ein brenzliger Geruch steigt scharf in die Nase und warnt uns: Achtung, es brennt!

Es gibt aber auch Dinge, die stark und wunderbar duften. Dazu gehören viele Blumen oder Bienenwachs oder Parfüm und Rasierwasser. Wer gut duftet, den mag man lieber. Und wer nicht gut duftet, „den kann man nicht riechen". Am wichtigsten für unsere Nase sind die Gerüche von leckeren Speisen und Gewürzen. Sie machen Appetit. Wenn wir an frischen Brötchen schnuppern, läuft uns das Wasser im Mund zusammen. Der Duft der Brötchen oder der Duft der Erdbeeren sorgt auch dafür, daß sie uns so gut schmecken. Der leckere Erdbeergeschmack kommt erst zustande, wenn wir die Erdbeeren beim Essen gleichzeitig riechen können. Mit zugehaltener oder verschnupfter Nase schmecken wir nur ganz wenig. Denn die Zunge allein kann nur schmecken, ob etwas süß oder sauer, salzig oder bitter ist.

Über das Riechen & Schmecken

Der Geruchssinn und der Geschmackssinn sind die ursprünglichsten Sinne — sämtliche Tiere orientieren sich auf die eine oder andere Weise durch Geruch und Geschmack.

Beides sind chemische Sinne. Beim Riechen und Schmecken treffen die Moleküle, das heißt die kleinsten Bestandteile eines Duft- oder Geschmacksstoffs, direkt auf Sinneszellen in Nase und Mund. Dort lösen sie einen Reiz aus.

Geruch und Geschmack sind eng miteinander verwoben, wobei der Geschmackssinn eine untergeordnete Rolle spielt. Er sagt uns nur, ob etwas bitter, salzig, süß oder sauer schmeckt. Die geschmacksempfindlichen Zellen liegen auf der Zunge. Nur was direkt mit ihr in Berührung kommt, können wir schmecken. Die Moleküle, die hier eintreffen, lösen an den Geschmacksknospen chemische Reaktionen aus. Dabei reagieren die Knospen in den unterschiedlichen Regionen unterschiedlich empfindlich auf bittere, salzige, süße und saure Stoffe. Die chemischen Reaktionen werden in elektrische Impulse übersetzt. Diese wandern über die Nerven zum Gehirn, wo die Botschaft — ein Gewitter winziger Stromstöße — entschlüsselt und als Geschmackseindruck wahrnehmbar wird.

Riechen können wir auch Dinge, die weiter entfernt sind. Denn aus duftenden Stoffen lösen sich fortwährend kleinste Teilchen. Luftströmungen tragen sie mit und verbreiten sie. Wenn wir einatmen, gelangen sie in die Nase, wo etwa zehn Millionen Riechzellen in der Schleimhaut sitzen. Die verschiedenen Duftmoleküle haben jeweils ihre spezielle chemische Struktur; diese wirkt wie ein Schlüssel. Damit wir etwas riechen können, muß beispielsweise ein Rosenduftmolekül das zu seiner Struktur passende, für Rosenduft zuständige Molekül der Riechzellen „aufschließen". Nur der Rosenduftschlüssel kann das Rosenduftschloß öffnen. Es kommt zu einer elektrochemischen Reaktion. Auch beim Riechen werden chemische Reize in elektrische Nervensignale übersetzt und im Gehirn in eine komplexe Duftwahrnehmung verwandelt.

Ohne den Geruchssinn würden wir feinen Geschmack nicht wahrnehmen können. Eine gute Küche erschließt sich erst durch den Geruch der Speisen, der über den Rachen in die Nasenhöhle aufsteigt. Ein Feinschmecker ist also eigentlich ein „Feinriecher".

Gerüche greifen tiefer in das Leben ein, als wir es wahrhaben. Sie haben einen schnellen und direkten Zugang zu unserer Gefühlswelt. Sie können Stimmungen beeinflussen, Sympathie oder Antipathie erzeugen, ohne daß es uns bewußt wird. Denn Gerüche erreichen den stammesgeschichtlich ältesten Teil des Gehirns, das limbische System. Und diese tiefen Schichten sind dem Bewußtsein nicht leicht zugänglich. Deshalb sind wir der Botschaft der Düfte, die hier wirken, weitgehend hilflos ausgesetzt. Das wissen Hersteller von Parfums und von Reinigungsmitteln. Zitronenduft im Scheuerpulver sorgt für eine saubere, frische Frühlingswelt.

Da die Geruchswahrnehmung dem Bewußtsein schlechter zugänglich ist als andere Sinnesleistungen, fällt es uns auch besonders schwer, Gerüche zu beschreiben. Während wir uns recht eindeutig über optische, akustische und sogar geschmackliche Eindrücke verständigen können, kennt unsere Alltagssprache kaum eigene Adjektive für Geruchsempfindungen. Wir sagen statt dessen, daß etwas „blumig" oder „nach Minze" riecht. Oder wir gebrauchen Wendungen, die sich auf andere Sinneswahrnehmungen beziehen, so etwa „stechend" oder „süßlich".

Düfte lassen sich kaum begrifflich erfassen. Sie reichen tief in die Welt der Gefühle, und diese Welt kann letztlich nur individuell erfahren werden.

FRAGEN & VERSUCHE ZUM RIECHEN & SCHMECKEN

Weshalb schmeckt wir bei Schnupfen so wenig?

Beim Kauen steigen die Duftstoffe vom Mund innen in die Nase hoch. Wir riechen und schmecken gleichzeitig. Bei einem Schnupfen ist die Nase voll, man riecht nichts und die Speisen schmecken ziemlich fad. Denn beim Essen ist der Duft der Speisen genauso wichtig wie ihr Geschmack.

Versuch: Eine geschälte, rohe Kartoffel und ein Apfel werden in kleine, gleich große Stücke geschnitten. Mit geschlossenen Augen und zugehaltener Nase ist es ziemlich schwierig, herauszuschmecken, was Kartoffel und was Apfel ist. Noch besser funktioniert dieser Versuch, wenn die Kinder nicht wissen, daß sich unter den Apfelstücken auch Kartoffelstücke befinden. Sie werden überzeugt sein, einen Apfel zu essen. — Der Schwindel fliegt sofort auf, wenn sie beim Essen wieder durch die Nase atmen können.

Wozu brauchen wir die Spucke im Mund?

Der Speichel, den wir im Mund haben, hat viele Aufgaben.
Er hilft, Speisen beim Kauen in einen Brei zu verwandeln, den man gut schlucken kann.
Speichel löst aber auch die Geschmacksstoffe aus den Speisen und verteilt sie über die ganze Zunge. An verschiedenen Stellen der Zunge schmecken wir verschiedene Sachen.
Damit wir jedoch überhaupt etwas schmecken können, muß die Zunge feucht sein.

Versuch: Die Zunge wird mit einem Tuch trockengetupft.
Dann streuen wir etwas Zucker auf die trockene Stelle.
Solange die Zunge trocken ist, schmecken wir nichts.

Versuch: Wir tröpfeln etwas Salzwasser auf den hinteren Teil der Zunge und bemerken, daß wir dort kaum etwas schmecken.
Salzwassertropfen auf der Zungenspitze dagegen schmecken sehr salzig.
Umgekehrt können wir Bitterstoffe (etwa Wermuttee) auf der Zungenspitze nicht schmecken.

Versuch: Durch weitere Versuche mit Zuckerwasser und mit Zitronensaft können wir herausfinden, welche Stellen auf der Zunge für die Geschmacksrichtungen süß und sauer zuständig sind.

63

DUFTHÄUSCHEN

Was für ein Duft steigt denn da aus dem Kamin?
Beim nächsten Haus riecht es schon wieder ganz anders.
Wer die Düfte erschnuppern will, braucht auf jeden Fall eine gute Nase.

BASTELMATERIAL

quadratische Milchtüten; Tonpapier in Grün, Hellgrün, Blau, Grau, Zitronengelb und Maisgelb; Reborn-Karton in Rot; Filzstift in Schwarz; Schere; Klebestift; kleine Behälter, z.B. Gläschen

VORLAGEN

Siehe Seite 102: Haus 43a – 43c

BASTELANLEITUNG

Von Milchtüten den oberen Verschluß und den Boden abschneiden. Von den verbleibenden Hüllen für jedes Haus ein 6 cm hohes Stück abschneiden. Die Außenseiten mit Tonpapier verkleiden. Für die Fenster kleine Rechtecke aus zitronen- und maisgelbem Tonpapier verwenden; mit schwarzem Filzstift Fensterkreuze einzeichnen.

Das Dach und den Kamin aus rotem Reborn-Karton ausschneiden. Vor dem Zusammenkleben alle Knicklinien vorprägen, damit saubere Kanten entstehen. Die vier unteren Laschen des Kamins nach außen knicken und an der Oberseite mit Klebstoff bestreichen. Den Kamin anschließend von unten her durch die Dachöffnung schieben und die Laschen gut andrücken. Kleine Behälter mit markant riechenden Stoffen füllen. Es eignen sich Gewürze wie Zimt, getrocknete Teeblätter und -blüten wie Kamille, aber auch Flüssigkeiten wie Essig. Die Häuschen dann darüberstülpen.
Durch Schnuppern am Kamin kann jetzt die Füllung erraten werden.

SPIELVORSCHLÄGE

Mitspieler: 2 oder mehr Kinder ab 4 Jahren
Spielmaterial: mehrere Häuschen mit verschiedenen Duftstoffen

1. Nacheinander schnuppern die Kinder am Kamin des ersten Hauses. Dann überlegen sie gemeinsam, welcher Duft da wohl nach oben steigt. Schließlich heben sie das Dach hoch und schauen, ob sie richtig getippt haben.
So kommt ein Häuschen nach dem anderen dran.

Wie kommt der Duft in die Nase?

Die Luft, die wir einatmen, ist voll mit winzigen Duftstoffen. Sie stammen von vielen verschiedenen Dingen: von Blumen, Bäumen und Früchten, von Tieren und Menschen, aus Fabriken und Schornsteinen. Ständig lösen sich Duftstoffe von den Dingen ab. Sie schweben in der Luft und werden vom Wind verbreitet.
Duftstoffe, die von verschiedenen Dingen stammen, bestehen auch aus verschiedenen Duftteilchen. Der Duft von Rasierwasser setzt sich aus anderen Teilchen zusammen als der Geruch von Gummi oder Kuchenduft oder Schweißgeruch.
Wenn wir an etwas schnüffeln, ziehen wir Luft ein. Der Luftstrom geht durch die Nase, und die Duftteilchen setzen sich in den feuchten Schleimhäuten in Inneren der Nase fest. Hier sitzen unzählige unsichtbar kleine Duftmelder, die wie Schalter funktionieren. Zum Beispiel schaltet sich der Kuchenduftmelder nur dann ein, wenn er von einem Kuchenduftteilchen berührt wird. Dann schickt er seine Botschaft an das Gehirn, und wir riechen den Kuchen.

2. Das erste Kind schnuppert nacheinander an den Kaminen, versucht jedesmal, den Duft zu erraten, und schaut prüfend unters Dach. Hat es richtig geraten, legt es das Dach neben das Haus. So kann man am Schluß leicht zählen, wie viele Düfte erkannt wurden.
Bevor das nächste Kind an die Reihe kommt, werden die Häuser versetzt und gemischt.

3. Eine kleine Gruppe spielt. Die Kinder stellen sich hintereinander auf. Das erste schnuppert am ersten Haus. Wenn es richtig rät, bekommt es vom Spielleiter einen Punkt. Andernfalls darf das nächste Kind schnuppern und raten …
Das erste Kind stellt sich hintenan.
Beim zweiten Haus schnuppert dann das zweite Kind zuerst …

RÄUCHERMÄNNCHEN

Wer genau hinschaut, merkt es: Die Nikoläuse sind gar keine richtigen Räuchermännchen.
Sie rauchen nämlich nicht;
sie wärmen sich die Hände an ihrem Atem, der in der Kälte wie Rauch aufsteigt.

BASTELMATERIAL

Reborn-Karton in Rot; Alufolie; Fotokarton in Rot, Orange, Weiß und Hautfarben; Plüsch in Weiß; Dekorlack in Schwarz; kleine, spitze Schere; Kleister; Klebestift; Räucherkegel; Metallhülle von einem Teelicht; Dosendeckel aus Blech; Korkscheibe

Warum riechen wir Rauch so gut?

Düfte und Gerüche sind unsichtbar. Die Duftteilchen in der Luft sind so winzig, daß wir sie nicht sehen können. Rauch können wir nur deshalb sehen und riechen, weil er Ascheteilchen enthält. Wenn Rauch durch einen Kamin, aus einer Pfeife oder dem Mund unseres Räuchermännchens kommt, hat er viele kleine Ascheteilchen dabei und mit ihnen Duftstoffe. Die heiße Luft steigt auf und verbreitet sich und nimmt die Duftstoffe mit. Deshalb riechen wir Räucherstäbchen so stark, und deshalb verbreitet sich ihr Duft so schnell im ganzen Zimmer. Aus dem gleichen Grund riechen warme Speisen stärker als kalte. An Gerüche gewöhnen wir uns sehr rasch. Wir vergessen den Duft der Räucherstäbchen und andere angenehme Gerüche recht bald und bemerken sie erst wieder, wenn wir neu ins Zimmer kommen. Manche Dinge können aber auch so unangenehm riechen, daß sie uns aus ihrer Nähe vertreiben. Ganz widerlich stinken viele giftige und gefährliche Sachen, wie zum Beispiel verdorbene Lebensmittel. Sie zersetzen sich und werden faulig. Dabei entstehen Gase, und ein ekliger Geruch verbreitet sich mit ihnen. Er warnt uns Menschen davor, verdorbene Sachen zu essen, die uns vergiften könnten. Ein Hund dagegen kann sich voller Freude über einen stinkenden, alten Knochen hermachen. Hunde sind nämlich Fleischfresser, denen verwesendes Fleisch bei der Verdauung hilft.

VORLAGEN

Siehe Seite 102: Nikolaus 44a – 44c

BASTELANLEITUNG

Für den Mantel einen Halbkreis von 26 cm Ø aus rotem Reborn-Karton ausschneiden. Mehrmals über die Tischkante ziehen, damit er sich kegelförmig biegen läßt, ohne zu knicken. Bevor er zusammengeklebt wird, auf der Innenseite Alufolie, am besten mit Kleister, aufkleben. Dann gut trocknen lassen.
Die anderen Teile aus Fotokarton ausschneiden. Die Mütze, ein Halbkreis mit 8 cm Ø, zum Kegel zusammenkleben.
Die Hände zwischen die beiden Armteile setzen. Das Gesicht so anbringen, daß sich der obere Rand unter der Mütze befindet, und die Arme so, daß der Nikolaus in seine kalten Hände zu hauchen scheint.
Am Mützenrand einen schmalen Streifen aus weißem Plüsch (5 mm) aufkleben; die Haare zeigen nach oben. Die Haare des Plüschstreifens am Mantelrand (1 cm) zeigen nach unten. Auch der Plüschbart wird so angefertigt, daß die Haare nach unten zeigen.
Für die Augen schwarzen Dekorlack auf weißen Fotokarton tupfen. Nach dem Trocknen mit etwas Randzugabe ausschneiden.

An der Stelle des Mundes ein Loch bohren
(unter ständigen Drehbewegungen).
Damit der Räucherkegel sicher im Nikolaus
steht, die Metallhülle eines Teelichts in die
Mitte eines Dosendeckels und diesen wiederum
auf eine Korkscheibe kleben.

So bleibt der Räucherkegel im Teelicht und die
herabfallende Asche im Deckel. Die Korkscheibe
schützt den Tisch vor Hitze.

DINGE UND IHRE DÜFTE

Rosen, Lavendel, Nelken, Tannen, Apfelsinen, Kaffee – alle Dinge haben ihren eigenen Duft. Ob wir den Duft auch erkennen, wenn wir die Dinge nicht sehen?

BASTELMATERIAL

Streichholzschachteln; Papier zum Bekleben; verschiedene Duftstoffe; Fotokarton in Weiß; Regenbogen- und Glanzpapier; Filzstifte; Schere; Klebstoff

VORLAGEN

Siehe Seite 102: Motive 45 – 53

BASTELANLEITUNG

Kärtchen von 6 x 6 cm aus weißem Fotokarton ausschneiden.

Motive aus Regenbogen- bzw. Glanzpapier ausschneiden und auf die Kärtchen kleben. Mit Filzstift vervollständigen.

Auch Motive aus Zeitschriften und Katalogen können für die Bildkärtchen verwendet werden.

Streichholzschachteln außen mit Papier überziehen und mit Duftstoffen füllen.

Außer den hier vorgestellten Duftstoffen gibt es noch viel mehr: Zimt oder Schokolade oder frische Kräuter wie Rosmarin, Thymian, Pfefferminze, Maggikraut. Oder frische Blumen wie Geranien, Jasmin und Maiglöckchen; leicht gewelkt duften diese Blumen noch intensiver.

Was macht unsere Nase im Blumenladen?

Wenn wir in einen Blumenladen kommen, bemerken wir den Blumenduft sofort. Doch schon nach ein paar Minuten riechen wir fast nichts mehr. Die Duftmelder in der Nase melden den Geruch zwar noch weiter an das Gehirn, doch wir achten nicht mehr darauf.

Um den Blumenduft wieder neu wahrzunehmen, müssen wir entweder direkt an den Blumen schnüffeln, wo der Duft stärker ist. Oder wir gehen eine Zeitlang an die frische Luft und kommen dann wieder zurück in den Laden.

Wir dürfen also nicht zu lange an etwas riechen, weil wir den Geruch sonst gar nicht mehr richtig bemerken. Besser ist es, mal hier, mal da zu schnuppern. Denn der Geruchssinn will uns am liebsten nur Neuigkeiten erzählen und nicht immer dieselbe Geschichte.

Auch die anderen Sinne lassen uns lieber auf Dinge achten, die sich verändern. Zum Beispiel hören wir zu Beginn einer Zugfahrt das Rattern sehr deutlich. Mit der Zeit überhören wir dieses Geräusch. Oder wenn wir uns im Bett zudecken, spüren wir die Decke nur kurz, dann vergessen wir sie. Auch die Augen können sich an einen Anblick so gewöhnen, daß wir manche Dinge einfach nicht mehr sehen – zum Beispiel das Tapetenmuster in einem Zimmer, in das wir oft kommen. Eine neue Tapete aber bemerken wir sofort.

SPIELVORSCHLÄGE

Mitspieler: 2 oder mehr Kinder ab 4 Jahren
Spielmaterial: beliebig viele Duftschachteln mit
Bildkarten

1. Alle Streichholzschachteln werden geschlossen
nebeneinander aufgereiht. Die Bildkärtchen
liegen verdeckt auf einem Stapel daneben.
Jeder Mitspieler zieht drei Bildkärtchen und legt
sie offen vor sich hin. Nun darf reihum einer
nach dem anderen eine Streichholzschachtel
nehmen, sie mit geschlossenen Augen öffnen
und daran riechen. Stimmt der Duft mit einem
Motiv auf den Kärtchen überein, wird die
Schachtel zum Beweis offen gezeigt, dann darf
sie auf dem Kärtchen abgelegt werden.
Ansonsten geht sie wieder zurück.
Wer hat als erster seine drei Düfte gefunden?

2. Alle Bildkarten liegen offen auf dem Tisch.
Reihum nehmen die Mitspieler eine Schachtel,
riechen mit geschlossenen Augen daran und
versuchen, das passende Bildkärtchen zu finden.
Schaffen sie es, dürfen sie Karte und Schachtel
behalten. Wenn nicht, geht beides zurück.
Wer erschnuppert die meisten Düfte?

SCHNUPPERBÄR

**Der Bär geht um und schnuppert und schnuppert.
Welchem Duft ist er wohl auf der Spur?**

BASTELMATERIAL

Bär: Wellpappe oder Tonpapier in Braun;
Tonpapier in Braun, Orange, Schwarz und Reste
in Weiß; Klebstoff; große Büroklammer oder
Wäscheklammer; Schere; Bürolocher;
Duftschleife: Stoffrest; Nähfaden; Füllwatte;
Duftstoffe, z.B. Lavendel, Rosenblätter, Nelken,
Zimt oder Duftöle; Band, ca. 80 cm; Schere;
Nähmaschine oder Nadel

VORLAGEN

Siehe Seite 102: Bär 54a – 54c

BASTELANLEITUNG

Bär: Aus Wellpappe oder braunem Tonpapier
einen Stirnreifen von 5 cm Breite und etwa
60 cm Länge (Kopfumfang) zuschneiden.
Augen und Schnauze aus orangefarbenem Tonpapier, Augenpunkte und Nase aus schwarzem
Tonpapier ausschneiden. Weiße Augenlichter
mit einem Bürolocher ausstanzen. Dann die
Einzelteile zusammenkleben.
Für die Ohren braunes Tonpapier nehmen,
die Grundform einschneiden und überlappend
zusammenkleben. Ohren und Gesichtsteile an
dem Stirnreifen festkleben.
Zum Schluß den Stirnreifen entsprechend dem
Kopfumfang des Kindes zusammenklammern.

Duftschleife: Für eine Schleife Stoff von
22 x 17 cm zuschneiden. Die Längsseiten aufeinanderlegen. Die Rückseiten zeigen dabei
nach außen. Dann die offenen Seiten zunähen;
lediglich an der Längsseite 3 cm offen lassen.
Die Schleife wenden, mit Füllwatte ausstopfen
und Duftstoffe dazugeben.
Die Duftschleife nun noch abbinden: Band
doppelt legen, um die Schleife schlingen,
und die Enden durch die Schlaufe ziehen.

SPIELVORSCHLÄGE

Mitspieler: 4 Kinder oder mehr ab 4 Jahren
Spielmaterial: Bärenmaske; Duftschleifen

1. Ein Kind zieht sich eine Bärenmaske auf
und spielt den Bären. Die übrigen Kinder
binden sich Duftschleifchen um die Beine.
Jeweils zwei Schleifen haben den gleichen Duft.
Nun heißt es für den Bären: schnuppern und
Duftpaare herausfinden. Schafft er es, über-
nimmt ein anderes Kind seine Rolle. Die Duftschleifen werden ausgetauscht.

2. Der Bär bekommt eine Duftprobe zum
Riechen, dann zieht er los, um eine Schleife
mit dem gleichen Duft aufzuspüren. (Unter den
Schleifen kann auch eine ohne Duft sein.)

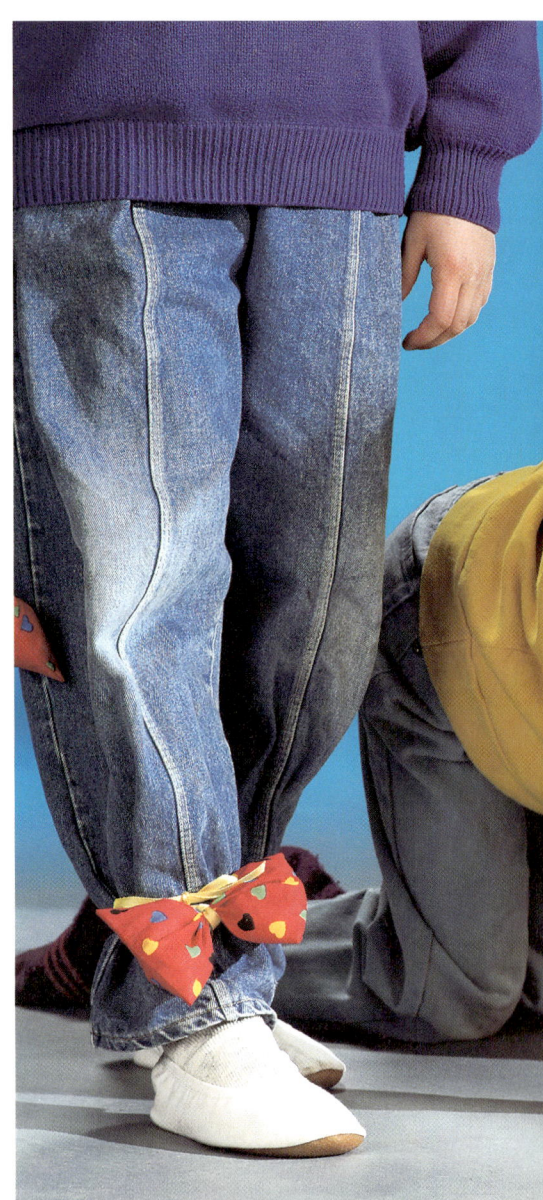

Wie findet ein Bär einen anderen Bären?

 Viele Tiere können besser riechen als wir Menschen. Für einen Bären oder einen Hund ist das Riechen so wichtig wie für uns das Sehen. Ihre Welt ist anders als die Menschenwelt: Sie ist voller Gerüche. Unsere Welt ist voller Farben und Formen.

Dabei funktioniert die Nase eines Bären ähnlich wie eine Menschennase. Der Bär zieht Luft ein und damit unzählige Duftteilchen.

Aber die Bärennase ist viel besser ausgestattet: Sie spürt auch ganz schwache Gerüche!

Das hilft einem Bären bei der Suche nach Futter oder Artgenossen. Wenn zum Beispiel ein Bär über ein Feld läuft, lösen sich von seinen Tatzen unsichtbar winzige Duftteilchen. Sie bleiben auf dem Boden haften und duften weiter. Kommt ein anderer Bär an diese Stelle, schnüffelt er. Die Duftteilchen steigen in seine Nase. Und der Bär erkennt, ob sie von einem Hasen oder einem Reh stammen oder von einem anderen Bären. Für ihn ist die Duftfährte so deutlich wie für uns Fußstapfen im Schnee. Der Bär erkennt sogar, ob hier ein fremder oder ein bekannter Bär gelaufen ist, ob es ein Weibchen oder ein Männchen war. Und er kann der Duftspur ohne Mühe folgen.

71

HUND UND HERRCHEN

Großes Durcheinander: Die Herrchen haben ihre Hunde verloren. Da muß geholfen werden!
Das dumme ist nur, daß alle gleich aussehen.
Aber zum Glück gibt es auch noch Gerüche. Und jedes Wesen hat seinen eigenen Geruch …

BASTELMATERIAL

Fotokarton; Tonkarton in Schwarz; 5 Holzfiguren, 2 cm Ø, 6,5 cm lang; 5 Holzfiguren, 2 cm Ø, 5 cm lang; Fellstoff in Hellbraun; Filz in Dunkelgrün; 5 verschiedene Duftöle; dünne Wolle in Pink; 5 Haken und Ösen; Filzstift in Schwarz und Rot; Deckweiß und Pinsel; Klebstoff; Zirkel; Häkelnadel; Schere

VORLAGEN

Siehe Seite 102: Herrchen 55a – 55e; Hund 56a – 56c

BASTELANLEITUNG

Aus Fotokarton Schablonen für Umhänge und Hüte anfertigen; diese dann aus Filz zuschneiden. Die Mäntel um die größeren Holzfiguren kleben, oben einen Kragen von 5 mm umschlagen. Füße aus Tonkarton ankleben.
Den Herrchen Gesichter aufmalen.
Hüte zusammenkleben (55b bis 55d), beschweren und etwa dreißig Minuten trocknen lassen. Einen Wollfaden als Hutband anbringen.
Auf die kleinen Holzfiguren Hundegesichter malen, und die Körper mit Fellstoff bekleben. 8 cm lange Halsbänder aus Wolle häkeln. Zunächst die Öse aufnehmen. Das kurze Fadenende dann mit in die Luftmaschenkette einhäkeln. Das Halsband so befestigen, daß die Öse nach oben zeigt. Beim Häkeln der 11 cm langen Leinen zuerst den Haken aufnehmen. Die Leinen unter den Umhängen festkleben. Nun je eine Leine und ein Halsband mit dem gleichen Duftöl tränken.

SPIELVORSCHLÄGE

Mitspieler: 2 oder mehr Kinder ab 4 Jahren
Spielmaterial: Hunde und Herrchen

1. Gemeinsam versuchen die Kinder, jeweils einen Hund und ein Herrchen zueinander zu bringen, indem sie an Halsbändern und Leinen schnuppern.
Eventuell können die Düfte auch benannt werden.

2. Hunde und Herrchen stehen auf dem Tisch. Das erste Kind nimmt einen beliebigen Hund, riecht am Halsband, wählt ein Herrchen und schnuppert an der Leine, ob die beiden zusammengehören. Ist dies der Fall, darf das Kind den Hund anleinen. Wenn nicht, müssen Hund und Herrchen wieder an die alten Plätze zurück.
Das nächste Kind kommt an die Reihe.
Als Spielvariante kann vereinbart werden, daß die Kinder die Gerüche benennen.

3. Die Kinder sitzen im Kreis. Jedes Kind nimmt sich einen Hund und ein Herrchen. Dann beginnt das Spiel.
Die Kinder schnuppern an den Leinen und Halsbändern. Stimmt der Geruch überein, dürfen die Hunde angeleint werden. Wenn nicht, geben die Kinder die Hunde weiter an das nächste Kind. Wieder wird geschnuppert …
Wer ein Pärchen findet, hat sein Spiel beendet und kann seinem Nachbarn beim Schnuppern helfen.

Woran erkennt der Hund sein Herrchen?

❓ **Für viele Tiere ist der Geruchssinn viel wichtiger als das Sehen oder Hören. Hunde zum Beispiel finden sich durch Gerüche in der Welt zurecht. Sie riechen Düfte, die so fein sind, daß sie ein Mensch gar nicht bemerken würde. So wie wir die Menschen an ihrem Gesicht erkennen, so erkennt ein Hund andere Hunde und auch Menschen an ihrem Geruch. Wenn uns ein Hund beschnüffelt, will er herausfinden, um wen es sich handelt.**

Unser Geruch kommt vom Schweiß. Wir schwitzen ständig ein wenig, auch wenn wir sitzen oder schlafen. Jeden Tag geben wir ungefähr einen Liter Schweiß ab. Er verdunstet auf der Haut oder wird von der Kleidung aufgesogen. Der Schweiß jedes Menschen riecht anders. Aber die Menschennase ist viel zu grob, um jemanden am Geruch zu erkennen. Hundenasen können das. Und die Hunde merken sich den Geruch eines Menschen genau.

GEWÜRZSPIEL

Gewürze schmecken nicht nur gut, sie riechen auch gut.
Kennen wir ihren Duft? Und wissen wir auch, wie das Gewürz aussieht,
zu dem dieser oder jener Duft gehört?

Warum sind Gewürze wichtig?

Gewürze duften appetitlich und lassen uns das Essen besser schmecken. Sie werden meistens aus Pflanzen gewonnen.

Oft werden die Früchte, die Samen oder die Rinde der Gewürzpflanzen vermahlen, zum Beispiel bei Paprika, Pfeffer, Zimt oder Vanille. Dabei bleiben die Duft- und Geschmacksstoffe erhalten. Oder man kocht ganze Pfefferkörner mit oder reibt eine Muskatnuß auf. Manche Gewürzkräuter wie Petersilie oder Schnittlauch verwendet man auch frisch.

Wenn man die Gewürze in kleinen Mengen über die Speisen streut, verbessern sie den Geruch und den Geschmack.

Aber zu verschiedenen Gerichten gehören verschiedene Gewürze. Es gibt Gewürze, die besser zu salzigen Speisen passen. Andere Gewürze braucht man für Süßspeisen.

In fremden Ländern kennt man auch Gewürze, an die wir nicht gewöhnt sind. Deshalb schmeckt das Essen dort so anders.

Das wichtigste Gewürz ist das Salz. Es wird nicht aus Pflanzen, sondern aus Meerwasser oder aus Salzstein gewonnen. Salz riecht nicht so stark wie andere Gewürze, hat aber einen starken Geschmack. Ohne Salz würden uns kein Brot und keine Suppe schmecken. Sogar im Kuchenteig ist eine Spur Salz enthalten.

Es ist wichtig, daß uns das Essen schmeckt. Denn die Lebensmittel liefern uns die Kraft, die nötig ist, den Körper in Gang zu halten.

In den Lebensmitteln sind Nährstoffe. Wenn das Essen im Magen und Darm verdaut wird, kommen diese Nährstoffe ins Blut und werden in alle Teile des Körpers transportiert. Bei vollem Magen sind genug Nährstoffe im Blut, und wir fühlen uns satt. Wenn der Magen wieder leer ist, werden wir hungrig. Dann schmeckt uns das Essen besser, und wir essen auch Sachen, die wir sonst nicht so gern mögen.

BASTELMATERIAL

Kunststoffbecher mit Deckel, ca. 9,5 cm Ø, 3,5 cm hoch; Tonkarton in Rot, Dunkelblau und Dunkelgrün; Faltpapier in Rot, Dunkelblau und Dunkelgrün; Filz in Dunkelblau; Lineal; Klebstoff; dicke Sticknadel; Zirkel; Schere; Gewürze: Zimt, Kümmel, Zitronenschale, Nelken . . .

VORLAGEN

Siehe Seite 102: Kästchen 57

BASTELANLEITUNG

Für jeden Becher achtzehn Kreise von 2,5 cm Ø aus rotem, blauem und grünem Faltpapier ausschneiden.

Die Kreise so auf die Becherwand kleben, daß sie jeweils 1,2 cm überlappen.

Den Becherboden von außen mit dunkelblauem Faltpapier, von innen mit dunkelblauem Filz bekleben.

Aus dem Deckel einen Kreis von etwa 7 cm Ø herausschneiden. Es bleibt ein etwa 1,5 cm breiter Rand stehen.

Aus dunkelblauem Tonkarton einen Kreis von 8,5 cm Ø zuschneiden. Mit einer Sticknadel gleichmäßig Löcher einstechen. Den Rand dabei auslassen. Jetzt den Papierkreis auf den Deckelrahmen kleben.

Die Becher mit Gewürzen füllen und verschließen.

(Falls sich die Becher nur schwer öffnen und schließen lassen, vom Rand des Unterteils 1 bis 2 mm abschneiden.)

Für die Gewürzkästchen entsprechend der Vorlage eine Wand aus Tonkarton ausschneiden, falzen, falten und zusammenkleben. Von unten einen 3 x 3 cm großen Boden ankleben; innen einen Boden von 3 x 3 cm einkleben.

Je ein Becher und ein Kästchen werden mit dem gleichen Gewürz gefüllt.

Eventuell Gewürze auch auf mehrere Kästchen verteilen.

SPIELVORSCHLÄGE

Mitspieler: 2 oder mehr Kinder ab 5 Jahren
Spielmaterial: Becher und Kästchen mit Gewürzen.

1. Jeder Mitspieler wählt einen Gewürzbecher, riecht daran, nennt das Gewürz und sucht das entsprechende Kästchen.

Danach werden die Kästchen zurückgestellt, und jedes Kind bekommt einen neuen Becher.

2. Becher und Kästchen stehen in der Mitte. Dabei können auch mehrere Kästchen mit dem gleichen Gewürz vorhanden sein.

Das erste Kind benennt ein Kästchen und wählt einen Becher aus. Das Nachbarkind schnuppert am Becher. Paßt der Geruch zu dem Gewürz im Kästchen, darf das erste Kind das Kästchen zu sich nehmen. Der Becher kommt wieder in die Mitte.

Das nächste Kind wählt aus ...

3. Zu jedem Gewürzbecher werden so viele Kästchen gefüllt, wie Kinder mitspielen.

Die Becher gehen nacheinander reihum. Wer an dem Becher gerochen hat, wählt ein Kästchen aus. Haben nach jeder Runde alle Kinder Kästchen mit dem gleichen Inhalt?

FEINSCHMECKER

Was mag das sein? Es schmeckt süß und mild und ist weich ... Vielleicht eine Banane? Und der nächste Bissen? Er ist saftig – und ganz schön sauer. Brrr!

BASTELMATERIAL

Fotokarton in Weiß; Tonpapier in Braun, Rot, Orange, Hell- und Dunkelgrün; Schere; Klebstoff; Zahnstocher; Obst und andere Lebensmittel wie Käse, Brezel usw.

VORLAGEN

Siehe Seite 102: Motive 58 – 68

Warum schmecken Zitronen sauer?

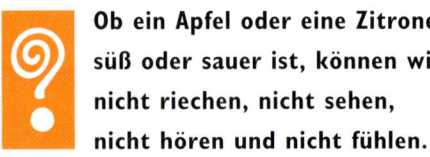 Ob ein Apfel oder eine Zitrone süß oder sauer ist, können wir nicht riechen, nicht sehen, nicht hören und nicht fühlen. Wir können es nur schmecken. Und dazu müssen wir ein Stück Apfel oder Zitrone in den Mund nehmen. Kleine Geschmacksteilchen aus dem Fruchtfleisch und dem Saft lösen sich im Speichel auf. Und der Speichel verteilt sie auf der Zunge, wo Geschmacksknospen sitzen. Das sind kleine Warzen, die den Geschmack an das Gehirn melden. Manche dieser Knospen sind für die Geschmacksrichtung „sauer" zuständig. Sobald der Saft einer Zitrone an diese Knospen kommt, melden sie: Schmeckt sauer! Und wenn wir in einen süßen Apfel beißen, treffen die Geschmacksteilchen auf die Knospen, die für süße Speisen zuständig sind. Dann spüren wir einen süßen Geschmack im Mund.
Geschmacksrichtungen gibt es nur vier: nämlich süß, sauer, salzig und bitter. Und jeder Geschmack ist eine Mischung aus diesen Geschmacksrichtungen.
Mit dem Geschmackssinn können wir Zitronen und Äpfel, Salz und Honig und die vielen anderen eßbaren Dinge unterscheiden, die alle aus verschiedenen Stoffen aufgebaut sind.

BASTELANLEITUNG

Aus Fotokarton Karten von 15 x 15 cm schneiden. Lebensmittelmotive von den Vorlagen auf Tonpapier übertragen und auf die Karten kleben. Die Lebensmittel auf den Karten müssen auch „in echt" vorhanden sein. Sie werden in kleine Stücke geschnitten und einzeln auf Zahnstocher gesteckt.

SPIELVORSCHLÄGE

Mitspieler: 2 oder mehr Kinder ab 3 Jahren
Spielmaterial: Lebensmittel in kleinen Stückchen, evtl. auf Spießchen; evtl. Bildkärtchen

1. Ein Kind bekommt die Augen verbunden. Dann wird ihm ein kleiner Lebensmittelspieß gereicht. Während es kostet, stellen die anderen Fragen: Schmeckt es süß? Sauer? Salzig? Bitter? Ist es hart? Weich? Das Kind anwortet, nennt dabei aber nicht den Namen des Lebensmittels. Wenn es aufgegessen hat, kann es die Augenbinde abnehmen und aus den Karten das entsprechende Lebensmittel heraussuchen. Stimmt die Wahl?

2. Mit geschlossenen Augen schnuppert ein Spieler an einem Lebensmittel. Kann er erkennen, was es ist? Wenn nicht, darf er kosten. Dann öffnet er die Augen und sucht sich die Karte mit dem passenden Motiv.

3. Der Spielleiter zeigt einige Bildkarten. Dann werden den Kindern die Augen verbunden. Jedes bekommt den gleichen Spieß mit Lebensmitteln und ißt sie Stück für Stück, ohne zu sprechen. Wie viele von den gezeigten Lebensmitteln entdeckt jedes Kind?

REZEPTTAFEL

**Bananen, Äpfel, Birnen, Trauben … daraus machen wir einen Obstsalat. Oder Früchtequark.
Und was brauchen wir noch dazu? Wir wär's mit Nüssen und Rosinen?**

BASTELMATERIAL

Fotokarton 300g/qm in Rot, Hell-, Mittel- und Dunkelgrün, Hell-, Mittel- und Dunkelbraun, Dunkelblau, Gelb, Sand; selbstklebender Filz in Dunkelgrün; selbstklebendes Klettband (Haken- und Flauschband); selbstklebender Bildaufhänger; Filzstifte in Dunkelbraun, Gelb, Rot, Dunkelblau und Dunkelgrün; Klebstoff; Zirkel; Heftklammern; Schere; evtl. Zwirn und Nadel

VORLAGEN

Siehe Seite 102: Teile 69 — 80

BASTELANLEITUNG

Rezepttafel: Aus rotem Fotokarton eine Kreisfläche von 47 cm Ø ausschneiden. Eine zweite Kreisfläche aus Filz von 43 cm Ø mittig darauf kleben. Dann hinten einen Bildaufhänger anbringen.
Neun Flauschbandstücke von 2 x 2 cm auf der Filzfläche verteilen: eines in die Mitte legen, die anderen acht etwa 5 cm vom grünen Rand entfernt in gleichen Abständen zueinander auflegen. Die äußeren Stücke mit Heftklammern befestigen. Das mittlere Stück ebenfalls anheften oder mit Zwirn annähen.

Obst und Gemüse: Die Motive nach den Vorlagen aus Fotokarton ausschneiden und zusammenkleben. Mit Filzstiften ausgestalten. Motive können auch aus Zeitschriften ausgeschnitten werden.
Hakenbandstücke von 1,5 x 2 cm zuschneiden und hinten an die Früchte ankleben.

SPIELVORSCHLÄGE

Mitspieler: 2 oder mehr Kinder ab 4 Jahren
Spielmaterial: Rezepttafel (evtl. auch mehrere); Bilder verschiedener Lebensmittel; Lebensmittel

1. Gemeinsam wird überlegt, was man zubereiten könnte? Salat? Oder Früchtequark? Oder? Die Bilder der Zutaten werden an die Rezepttafel geheftet.

2. Mehrere Kindergruppen bereiten verschiedene Gerichte vor und tauschen sie aus. Die Kinder sollen herausfinden, welche Zutaten in den Speisen sind, und die entsprechenden Bilder an die Tafel heften.

3. Die Kinder bilden kleine Gruppen. Alle bekommen das gleiche zu essen. Jede Gruppe versucht für sich, die Zutaten herauszufinden und die entsprechenden Bilder an ihre Tafel zu heften.

Warum kann man bei Schnupfen nichts schmecken?

Wenn wir mittags hungrig in die Küche kommen, läuft uns das Wasser im Mund zusammen. Der Geruchssinn meldet: Hmm, das riecht gut! Das wird lecker schmecken! Und schon bereiten sich Mund und Magen auf die Mahlzeit vor. Im Mund fließt Speichel, damit wir besser schlucken können. Und der Hunger wird plötzlich noch größer. Ohne gute Gerüche würde uns auch das Essen nicht schmecken. Beim Kauen steigt der Duft der Speisen vom Mund innen in die Nase hoch. Aber wenn wir Schnupfen haben, dann sind die Duftmelder in der Nase mit Schleim bedeckt. Sie können keine Gerüche melden. Wir riechen nicht, was wir essen, und deshalb schmeckt es uns auch nicht so gut.

Zu einem guten Essen gehören aber nicht nur der leckere Geschmack und der Duft der Speisen. Auch das Auge ißt mit. Wenn Speisen lecker aussehen, schmeckt uns alles gleich viel besser. Und sogar der Tastsinn spielt eine Rolle. Beim Essen betasten wir die Bissen mit der Zunge und kauen sie mit den Zähnen. Dabei spüren wir zum Beispiel, ob die Nudeln fest oder zerkocht sind, ob das Gemüse knackig ist oder noch roh oder schon matschig.

TASTEN & FÜHLEN

Wir sehen mit den Augen, wir hören mit den Ohren, wir riechen und schmecken mit Nase und Mund. Doch tasten und fühlen können wir mit dem ganzen Körper. Überall auf der Haut spüren wir, was direkt um uns herum passiert. Und das ist erstaunlich viel – wenn wir nur darauf achten:

Der Wind weht – wir spüren seinen Hauch auf der Wange. Die Schuhe reiben – wir spüren, wie die Ferse weh tut. Wir geben jemand die Hand – und spüren, wie sie gedrückt wird. Wir streicheln eine Katze – und spüren ihr weiches Fell. Wir gehen barfuß – und spüren den kleinsten Stein. Die Sonne scheint – wir spüren ihren warmen Strahl im Nacken.

Ein Regentropfen fällt uns auf die Nase – wir spüren, wie kühl er ist. Damit wir all dies spüren können, ist unsere Haut mit unzähligen kleinen, empfindlichen Fühlern vollgepackt. Sobald etwas unsere Haut berührt, vielleicht ein Windhauch oder die Hand eines anderen Menschen, melden es die Fühler. Sie lassen uns auch spüren, ob etwas weich oder hart ist; Augen, Ohren und Nase können das nicht. Andere Fühler auf der Haut sind für Wärme und Kälte zuständig. Ob das Wasser in der Wanne warm oder kalt ist, wissen wir erst, wenn wir hineinfassen. Ist es zu heiß, melden sich die Schmerzfühler – wir ziehen die Hand schnell wieder zurück. Auch Wärme und Kälte können wir nicht sehen, hören oder riechen. Wir können sie nur fühlen.

Über das Tasten & Fühlen

Das größte Sinnesorgan des Menschen ist die Haut, die den Körper umhüllt. Sie grenzt uns zum einen gegen die Umwelt ab; zum anderen läßt sie uns direkt und intensiv spüren, was um uns herum vorgeht.

Der Tastsinn ist — wie der Hörsinn — ein mechanischer Sinn. Damit wir überhaupt etwas wahrnehmen, muß mechanische Kaft aufgewendet werden. Beim Hören wird die Luft in Schwingung versetzt, und die schwingenden Luftteilchen stoßen das Trommelfell an. Beim Tastsinn erfolgt der Reiz direkt: Ein Gegenstand berührt die Haut, die Haut verformt sich, und bestimmte druckempfindliche Zellen reagieren darauf. Winzige Ströme in der Zelle beginnen zu fließen. Dabei wird der Reiz in eine für das Gehirn verständliche „Sprache" übersetzt, nämlich in eine Folge von Nervenimpulsen. Je stärker der Druck auf der Haut, desto höher die Frequenz der im Gehirn eintreffenden Signale. Tastsignale müssen lange Wege zurücklegen, um über das Nervensystem und Rückenmark zum Gehirn zu gelangen. Die Signale werden dabei laufend neu verstärkt, damit sie beispielsweise auf dem Weg von der Zehe zum Gehirn nicht verlorengehen. Sonst würden wir die Füße weniger gut spüren als etwa die Haut im Nacken. Das Gehirn errechnet, woher die Signale kommen, und projiziert die Empfindugen an die entsprechende Körperstelle zurück. So spüren wir eine Druckstelle am Fuß tatsächlich am Fuß — und nicht dort, wo die Empfindung entsteht, nämlich im Kopf.

Die Haut ist jedoch nicht überall gleich tastempfindlich. Auf dem Handrücken liegen die Tastzellen etwa einen Millimeter auseinander. Mit einer feinen Borste kann man dort „taube" Stellen aufspüren. An den Lippen und der Zungenspitze dagegen sind die Sinneszellen sehr viel dichter beieinander — und auch an den Fingerspitzen: Dadurch können wir beispielsweise die Blindenschrift so ertasten, daß ein räumliches „Abbild" entsteht.

Der Tastsinn leistet Verblüffendes. Es genügt, wenn ein feines, fast unsichtbares Härchen am Handrücken oder im Nacken berührt wird — schon spüren wir ein Kitzeln. Wie ist das möglich? Das Haar selbst ist ja empfindunglos. Und an der Haarwurzel wird es nur um Hunderttausendstel von Millimetern abgebogen. Eine Empfindung kann lediglich entstehen, weil die Tastzellen den Reiz verstärken — so ähnlich wie das leise Kratzen einer Plattenspielernadel durch das Verstärkersystem in voluminösen Klang verwandelt wird. Tonabnehmer wie Tastzellen übersetzen winzige mechanische Kräfte in elektrische Ströme.

Gleichzeitig blendet das Gehirn aber auch unnütze Informationen aus und verhindert, daß sie ins Bewußtsein dringen. So klingt ein konstanter Tastreiz rasch ab. Sonst würden wir durch die Fülle der Tastreize, die beispielsweise unsere Kleidung auf die Haut ausübt, verrückt.

Ganz besonders erstaunlich ist eine andere Leistung unseres Tastsinns: nämlich das Gefühl für unseren Körper. Es bereitet uns keine Schwierigkeiten, im Dunkeln mit dem Zeigefinger die große Zehe zu finden und zu berühren, egal wie wir stehen, sitzen oder liegen. Und doch muß dabei die Stellung von zehn Gelenken und mehreren Rückenwirbeln exakt aufeinander abgestimmt werden. Die möglichen Kombinationen gehen dabei in die Milliarden. Woher kennen wir eigentlich die Lage der Körperglieder so genau? An den Muskeln, Sehnen und Gelenken liegen Tausende von Meßstellen, die für den „Körpersinn" zuständig sind." Fortlaufend liefern sie eine Flut von Informationen. Das Gehirn verarbeitet und meldet uns die aktuelle Stellung unserer Glieder.

FRAGEN & VERSUCHE ZUM TASTEN & FÜHLEN

Wie prüfen wir das Wasser in der Badewanne?

Mit den Händen müssen wir oft heiße oder kalte Sachen anfassen. Hier ist die Haut weniger empfindlich als an anderen Stellen des Körpers. Denn in der Haut der Hände sitzen weniger Temperaturfühler. Deshalb können wir die Hände auch in heißes Badewannenwasser tauchen. Doch es ist besser, die Temperatur unseres Badewassers nicht mit den Händen, sondern mit den Füßen oder Ellbogen zu prüfen.

Versuch: Wir tauchen die Hände und dann die Ellbogen in heißes (nicht zu heißes!) Wasser. Wann fühlt sich das Wasser heißer an?

Woher wissen wir, ob etwas kalt oder warm ist?

Wenn wir bei Hitze baden gehen, erscheint uns das Wasser im Schwimmbad anfangs recht kalt. Das liegt an der heißen Luft draußen. Denn die Temperaturfühler in der Haut vergleichen Wärme oder Kälte mit dem, was sie vorher gespürt haben. Wer sich unter die kalte Dusche stellt, bevor er in das Becken steigt, empfindet das Wasser als ziemlich warm.

Versuch: Wir schütten kaltes Wasser in ein Gefäß und verrühren darin Eiswürfel, so daß die Temperatur weiter absinkt.
Ein zweites Gefäß daneben enthält kaltes Leitungswasser.
Wir stecken die Hand zuerst eine Zeitlang in das eiskalte Wasser und fassen anschließend in das andere Gefäß. Plötzlich fühlt sich das kalte Leitungswasser lauwarm an.

Wie spüren wir, daß wir Arme und Beine haben?

Überall an den Muskeln und Gelenken sitzen kleine Fühler. Sie senden ständig Botschaften an das Gehirn und melden zum Beispiel, ob wir die Beine, Arme oder Finger ausgestreckt oder abgewinkelt halten. Sie sagen uns auch, welche Muskeln angespannt sind. Daher wissen wir jederzeit, in welcher Lage sich Arme und Beine und die anderen Körperteile befinden, auch wenn wir nicht hingucken.
Wenn wir aufrecht stehen, melden die Fühler, welche Muskeln wir anspannen müssen, um das Gleichgewicht zu halten. Dabei stellen sich die Muskeln auf Anstrengung ein. Dies ist auch der Fall, wenn wir lange ein Gewicht tragen. Setzen wir es ab, fühlen wir uns plötzlich ganz leicht.

Versuch: Ein Kind steht mit ausgebreiteten Armen und geschlossenen Augen im Raum. Wir drücken seine Hände sanft nach unten. Nach einer Minute lassen wir los. Die Hände des Kindes werden plötzlich leicht und gehen nach oben.

Warum fühlen wir mit Handschuhen so wenig?

Handschuhe schützen die Hände bei Kälte oder bei Gartenarbeit an stachligen Gestrüpp. Mit Küchenhandschuhen können wir auch heiße Töpfe anfassen. Dabei decken die Handschuhe zugleich die Tastfühler auf der Hand zu. Wenn wir einen kleinen und leichten Gegenstand in die Hand nehmen, spürt die Haut nichts davon. Unser Tastsinn ist fast „blind", und wir stellen uns sehr ungeschickt an.

Versuch: Wir versuchen, mit geschlossenen Augen und mit Handschuhen kleine und größere Formen zu ertasten; dann probieren wir das gleiche mit offenen Augen und Handschuhen und schließlich mit offenen Augen und bloßen Händen aus.

TIERKETTEN

Hier kommt ein Tier nach dem anderen an die Kette.
Dabei dürfen sie nur berührt werden. Gucken verboten!

BASTELMATERIAL

Fotokarton; Moosgummi in Grau, Weiß, Orange, Gelb, Braun, Schwarz, Lila, Rot und Türkis; Perlschnur aus Kunststoff; Holzperlen, 1,5 cm Ø; wasserfester Filzstift in Schwarz und Rot; Lochzange; kleine Schere

VORLAGEN

Siehe Seite 102: Tiere 81 – 87

BASTELANLEITUNG

Tierschablonen aus Fotokarton anfertigen, und von jeder Tierart mehrere Exemplare aus Moosgummi ausschneiden. Die Tiere von beiden Seiten mit Filzstift ausgestalten.
Perlschnüre auf die Länge von Halsketten zuschneiden, und jeweils an einem Ende eine Holzperle einbinden.

SPIELVORSCHLÄGE

Mitspieler: 1 oder mehrere Kinder ab 4 Jahren
Spielmaterial: Tierformen und Perlschnüre

1. Tiere sollen auf Perlschnüre aufgefädelt werden. Dazu wählt sich jeder Spieler eine Tierart aus, ertastet mit verbundenen Augen „seine" Tiere und fädelt sie auf. Dann wird geprüft, ob die Spieler einen „sicheren Griff" hatten.

2. Der Spielleiter bestimmt, welche Tiere aufgefädelt werden sollen: zuerst ein Hasen, dann ein Igel usw.

Was spürt unsere Haut?

 Unsere Haut hat viele Aufgaben. Sie ist eine wasserdichte Hülle, die den Körper umgibt und das Innere schützt. Die Haut ist aber auch ein Sinnesorgan. In ihr sind viele kleine Fühler eingepackt, die uns melden, wenn uns etwas berührt oder wenn wir etwas betasten. Bei Berührung senden die Fühler ein Signal aus. Es läuft über die Nerven zum Gehirn, und wir wissen sofort, an welcher Stelle des Körpers etwas gegen die Haut drückt.
Das passiert zum Beispiel, wenn wir ein Steinchen im Schuh haben. Die Druckfühler an den Füßen sagen uns, daß da etwas Kleines, Hartes drückt. Viel bessere Tastwerkzeuge sind aber unsere Hände. Mit ihnen können wir

Die Mitspieler tasten wieder mit verbundenen Augen nach den Tieren und fädeln sie in der angegebenen Reihenfolge auf. Dann wird verglichen, ob alle Ketten gleich aussehen.

kleine Dinge wie unsere kleinen Tiere umschließen und von allen Seiten betasten. Um große Dinge abzutasten, streichen wir über die Oberfläche. Die Tastfühler melden auch, ob wir fest zupacken oder etwas streicheln. Deshalb können wir zerbrechliche Dinge anfassen, ohne sie kaputtzumachen. In der Haut gibt es noch andere Fühler. Die Temperaturfühler melden Wärme und Kälte. Sie sagen uns zum Beispiel, ob wir die Hand in kaltes oder warmes Wasser tauchen. Und die Schmerzfühler in der Haut melden sich, wenn ein hartes Ding die Haut verletzt, wenn wir zum Beispiel hingefallen sind und das Knie aufgeschürft haben. Der Schmerz sagt: „Sei das nächstemal vorsichtiger, sonst tut es wieder weh!"

PUNKTE, FORMEN, MOTIVE

**Der Würfel fällt, und mit einem Blick sehen unsere Augen, wie viele Punkte er zeigt.
Aber auch Finger können „sehen" und spannende Würfelspiele machen.**

BASTELMATERIAL

Moosgummi in verschiedenen Farben; 3 Würfelrohlinge aus Holz, Kantenlänge 3 cm; evtl. Fotokarton in hellem Beige; dünner, wasserfester Filzstift in Schwarz; Klebstoff; spitze, kleine Schere

VORLAGEN

Siehe Seite 102: Teile 88 – 99; Würfel 100

BASTELANLEITUNG

Spielplättchen: Spielplättchen von 8 cm Ø aus Moosgummi ausschneiden.

Formen und Motive von den Vorlagen auf Moosgummi übertragen, ausschneiden und mittig auf die Spielplättchen kleben. Haus und Auto vor dem Aufkleben mit schwarzem Filzstift ausgestalten.

Punkte mit 15 mm Ø ausschneiden, und auf den Spielplättchen wie auf einem Würfel anordnen.

Würfel: Je einen Würfelrohling mit Formen, mit Motiven und mit Punkten (5 mm Ø) aus Mossgummi bekleben.

Um kleineren Kindern das Tasten zu erleichtern, kann man für sie auch größere Würfel aus Karton basteln. Formen und Motive haben dann die gleiche Größe wie auf den Plättchen, die Punkte haben 1 cm Ø.

SPIELVORSCHLÄGE

Mitspieler: 2 oder mehr Kinder ab 4 Jahren
Spielmaterial: Spielplättchen mit passenden kleinen oder großen Würfeln

1. Die Spieler würfeln mit verbundenen Augen und ertasten das Motiv, die Form oder die Punkte auf dem Würfel. Sie benennen, was sie ertastet haben, und suchen mit verbundenen oder offenen Augen das passende Spielplättchen.

Wie kann man mit den Fingern lesen?

? Früher konnten blinde Menschen nicht lesen. Es gab nur gedruckte Bücher. Um einen Buchstaben zu lesen, mußte man seine Form sehen. Aber Formen kann man auch ertasten, wie zum Beispiel die Punkte auf unserem Würfel. Und wenn man Buchstaben so druckt, daß man sie nicht nur sieht, sondern mit den Fingerspitzen spürt, kann man den Buchstaben auch fühlen.

Das ist die Idee der Blindenschrift. Damit man die Buchstaben der Blindenschrift besser ertasten kann, haben sie eine einfachere Form als unsere sichtbaren Buchstaben. Sie bestehen aus Punkten, die man mit den Fingerspitzen zählen kann. Diese Punkte werden so auf dickes Papier gedruckt, daß man das Punktemuster ertasten kann. Der Buchstabe „A" zum Beispiel besteht aus einem einzigen Punkt in der linken oberen Ecke eines Feldes. Ein Blinder liest, indem er die Buchstabenfelder der Reihe nach abtastet und dabei spürt, wie viele Punkte wo liegen.

Blinde Kinder lernen auf der Blindenschule lesen und schreiben. Beim Schreiben werden die verschiedenen Punkte, die einen Buchstaben bilden, von der Rückseite des dicken Papiers durchgedrückt. Es gibt sogar Schreibmaschinen, die in Blindenschrift schreiben.

2. Die Spieler nehmen mit verbundenen Augen ein Spielplättchen aus der Tischmitte, ertasten das aufgeklebte Teil, benennen es und würfeln anschließend mit dem Motiv-, Formen- bzw. Punktewürfel dreimal. Ertasten sie auf der Würfeloberfläche das gleiche Teil, dürfen sie das Plättchen behalten; ansonsten müssen sie es in die Spielmitte zurücklegen.

An der Mühle

Viele Säcke stehen vor der Mühle. Einige sind ziemlich leicht, andere ganz schön schwer. Man hebt sie nur an, und schon merkt man's. Manchmal ist es aber auch gar nicht einfach, einen Unterschied festzustellen. Und dann braucht man das Mühlenhaus zum Wiegen.

BASTELMATERIAL

Säcke: Kreppapier in Braun; Stoffrest; Papier in Weiß; 30 Murmeln; Schnur; Band; Klebstoff; Schere

Mühlenhaus: Karton, z.B von quadratischer Milchtüte, 7 x 7 cm Seitenlänge, 16 cm hoch; Streifen aus Wellpappe, 28,5 x 20 cm; Fotokarton in Rot; Holzstab, 1 cm Ø; 44 cm; Bindedraht, 18 cm; kleine Tüte; Steine; Schere, Klebstoff; Zirkel

BASTELANLEITUNG

Säcke: Braunes Kreppapier zuschneiden (8 x 26 cm), doppelt legen und seitlich zusammenkleben.

Eine Murmel in weißes Papier einschlagen und in das Säckchen legen. Das Säckchen noch etwas mit Papier ausstopfen, dann mit einer Doppelschlaufe zubinden.

Auf die gleiche Weise zwei, vier und acht Murmeln verpacken. Das Gewicht wird somit immer verdoppelt.

Die fünfzehn anderen Murmeln werden genauso verpackt oder kommen in Päckchen aus Stoff (14 x 14 cm). Die Murmeln zunächst wieder in Papier wickeln und in die Mitte der Stoffstücke legen. Den Stoff übereinanderschlagen, oben und unten mit Band zubinden.

Mühlenhaus: Karton auf zwei gegenüberliegenden Seiten, 5 cm vom oberen Rand entfernt, mit einer Scherenspitze durchstechen.

Auf den beiden anderen Seiten mittig Einschnitte von 1,5 cm Breite und etwa 6 cm Tiefe vornehmen.

Eine kleine Tüte mit einer Handvoll Steine füllen und zum Beschweren in den Karton legen. Holzstab in der Mitte mit Draht umwickeln, dabei am Anfang und am Ende ein Stück von

etwa 6 cm für die Aufhängung vorsehen. Den Holzstab in die Einschnitte legen, die Drahtenden durch die Löcher schieben, nach oben über den Kartonrand ins Kartoninnere biegen und fest andrücken.

Wellpappstreifen um den Karton legen, an den Seiten, wo die Stangen sind, Einschnitte von 1,5 cm Breite und 7 cm Tiefe vornehmen, dann die Pappe ankleben.

Aus rotem Fotokarton das Dach anfertigen: Dafür einen Halbkreis mit 26 cm Ø zu einem Kegel drehen, zusammenkleben und auf dem Turm fixieren.

Zuletzt noch ein Tor von 5,5 cm Breite und 6 cm Höhe anbringen.

SPIELVORSCHLAG

Mitspieler: 1 oder mehrere Kinder ab 3 Jahren
Spielmaterial: Säckchen bzw. Päckchen; evtl. Mühle oder Waage

Die Kinder nehmen ein oder mehrere Päckchen und Säckchen in die rechte und in die linke Hand und vergleichen die Gewichte. Dabei werden Fragen gestellt: „Was ist schwerer?" – „Was ist doppelt so schwer?" – „Was ist gleich schwer?"

Im „Mühlenhaus" wird ausgewogen.

Wie können wir spüren, wie schwer etwas ist?

Ob ein Ding schwer ist oder leicht, können wir von außen oft nicht sehen. Aber wir können es fühlen.
Wenn wir die Hand auf den Tisch legen und ein Säckchen daraufsetzen, spüren wir den Druck des Gewichtes auf der Hand. Bei schweren Gewichten wie bei einem Bügeleisen spüren wir den Druck so stark, daß es weh tut. Bei leichten Gewichten wie bei einer Feder spüren wir nur einen Hauch. Besser können wir verschiedene Gewichte unterscheiden, wenn wir die Dinge frei in der Hand halten. Dann drückt das Gewicht nicht nur auf die Haut, sondern zieht auch den ganzen Arm ein wenig nach unten. Um das Gewicht auszugleichen und den Arm in der gleichen Haltung zu lassen, müssen wir die Muskeln ein wenig mehr anspannen. Je schwerer das Säckchen ist, desto stärker müssen sich die Muskeln anstrengen.
Hand und Arm und alle anderen Körperteile haben auch selbst ein Gewicht. Wenn wir den Arm längere Zeit ausstrecken, scheint er mit der Zeit immer schwerer zu werden. Natürlich bleibt der Arm gleich schwer, aber sein Gewicht zieht ihn nach unten. Und es wird immer anstrengender, ihn oben zu halten.

LAUFCLOWNS

**Die Clowns können über Arme und Beine, über Rücken und Bauch marschieren.
Wie viele Schritte machen sie?
Wer gut aufpaßt, kann ihre Schritte bestimmt zählen.**

BASTELMATERIAL

Fotokarton in Weiß und Schwarz; Tonpapier in Grün, Gelb, Schwarz und Hellblau; Klebstoff; Musterbeutelklammern; Schere

VORLAGEN

Siehe Seite 102: großer Clown 101a – 101d; kleiner Clown 102a – 102d

BASTELANLEITUNG

Aus weißem Fotokarton die Grundform der Clowns ausschneiden, aus schwarzem Fotokarton den Fußteil.
Für alle übrigen Teile Tonpapier verwenden.
In der Grundform die Markierung für den Fußteil mit einer Scherenspitze durchstechen. Die beiden Teile mit einer Musterbeutelklammer verbinden.

Beim weiteren Ausgestalten diese Reihenfolge beachten: Das rote Hosenteil an der oberen Kante mit Klebstoff versehen und auf die Clownform kleben. Danach das gelbe Hemd, das schwarze Frackteil, den blauen Hemdärmel mit der Hand, Kragen und Knöpfe fixieren. Die Gesichtsmerkmale, die roten Haare, das grüne Hutteil und zum Schluß den gelben Hutrand aufkleben.

SPIELVORSCHLAG

Mitspieler: 1 bis 2 Kinder ab 3 Jahren
Spielmaterial: großer und/oder kleiner Laufclown

Ein Kind läßt einen Clown langsam auf dem Arm eines anderen Kindes gehen. Dieses schaut zu und zählt jeden Schritt. Dann schließt es die Augen. Jetzt kann das Kind zwar nicht mehr sehen, wie der Clown auf seinem Arm hin- und hermarschiert, aber noch deutlich spüren. Wie viele Schritte macht er?
Das gleiche läßt sich auch mit einem größeren oder kleineren Clown ausprobieren.
Später kommen andere Körperregionen dran. Wie ist es, wenn der Clown über den Rücken oder den Bauch oder den Oberschenkel spaziert?

Warum spüren wir, wie der Laufclown läuft?

Ein Clown läuft über unseren Arm. Er setzt Fuß vor Fuß. Bei jedem Schritt macht er einen kleinen Abdruck auf der Haut, den wir spüren. Auch wenn wir dem Clown nicht zusehen, wir fühlen, wo er seine Füße aufsetzt, wie und wohin er geht.
Wir haben nämlich auf der Haut Stellen, die Berührungen melden. Aber die Haut ist nicht überall gleich empfindlich. Auf dem Arm spüren wir den laufenden Clown deutlicher als auf dem Rücken. Manche Stellen sind auch so empfindlich, daß uns der kleine Clown beim Drüberlaufen furchtbar kitzelt.
Und was passiert, wenn der Clown stehenbleibt? Dann spüren wir nach einiger Zeit fast nichts mehr. Die Haut hat sich an den Druck gewöhnt. Erst wenn der Clown weiterläuft, spüren wir ihn wieder.
Es ist gut, daß unser Tastsinn nicht dauernd meldet: Da drückt was, und da reibt was ... Denn unsere Kleider drücken ständig auf die Haut und reiben. Doch wir spüren sie meist nur, wenn wir sie anziehen. Und dann vergessen wir sie.

GROSSE UND KLEINE TIERE

Die Tierkinder sind verloren gegangen. Klar, daß sich die Eltern auf die Suche machen. Sie erkennen die Kinder an ihrem ganz besonderen Fell.

BASTELMATERIAL

starker Karton oder quadratische Bierdeckel, 9 x 9 cm; Federn und Reste von Pelz, Stoff, Plastikfolie o.ä.; Band; Wellpappe; Klebstoff; Schere

BASTELANLEITUNG

Für die Halsbänder zunächst jeweils zwei Quadrate mit dem gleichen Material beziehen; Ränder umschlagen, und die Quadrate gegeneinanderkleben. Dabei Band zum Umhängen mit einfassen.

Aus jedem Material auch ein Stirnband anfertigen: Dafür Wellpappstreifen von 5 x 60 cm zuschneiden. Ohren aus dem Material, mit dem die Quadrate beklebt sind, befestigen.

SPIELVORSCHLÄGE

Mitspieler: Gruppen von Kindern ab 4 Jahren
Spielmaterial: Stirnbänder und Halsbänder; Tücher zum Verbinden der Augen

1. Die Tiereltern, die Stirnbänder tragen, haben die Augen verbunden und suchen so ihre Kinder. Diese haben Halsbänder umhängen. Das gemeinsame Erkennungsmerkmal ist der Stoff, aus dem die Ohren und die Quadrate der Halsbänder bestehen. Die Eltern erfühlen zunächst ihre Ohren. Dann tasten sie nach den Kindern, die sich im Raum verteilt oder im Kreis aufgestellt haben. Das Ganze wird aufrecht oder in der Hocke gespielt.

Jedes Elternteil kann auch mehrere Kinder haben. Die gefundenen Kinder gehen beiseite.

2. Die Tiereltern und die Kinder haben die Augen verbunden. Sie verteilen sich im Raum, und dann beginnt die stille gegenseitige Suche. Gibt es jeweils mehrere Tierkinder, schließen sich die gefundenen den Tiereltern an und helfen bei der Suche.

Was spüren wir mit den Haaren?

 **Fast alle Tiere haben einen natürlichen Mantel, der sie in der Kälte warm hält. Sie tragen ein Fell oder ein Federkleid. Wir Menschen haben keinen Haarpelz, der uns bedeckt. Deshalb müssen wir Kleider tragen.**

Haare halten aber nicht nur warm. Sie sind auch Tastorgane. Die Katze spürt, wenn man sie streichelt. Wo die Haarwurzel in der Haut steckt, sitzen Fühler. Sie melden, wenn die Haare beim Streicheln umgebogen werden. Mit ihren langen Schnurrbarthaaren kann die Katze auch in stockdunkler Nacht herumschleichen. Wenn sie gegen ein Hindernis stößt, verbiegen sich die Schnurrbarthaare, und die Katze kann ausweichen.

Auch die Haut des Menschen ist fast am ganzen Körper mit unzähligen feinen Haaren bedeckt. Bei Kindern sind die Härchen noch so klein, daß man sie meistens gar nicht sieht. Am dichtesten wachsen die Haare auf dem Kopf. Die Haare selbst sind unempfindlich. Deshalb kann man ein Haar abschneiden, ohne daß es weh tut. Trotzdem spüren wir, wenn uns jemand leicht über die Haare streicht. Sobald ein Haar bewegt wird, merken das die winzigen Druckfühler an der Kopfhaut. Sie melden die leiseste Bewegung.

Wir können das ausprobieren, indem wir die Haare auf dem Kopf oder dem Arm mit einer Feder ganz leicht berühren und damit umbiegen.

FORM IN FORM

Immer zwei gehören zusammen: ein Gegenstand und ein Abdruck.
Wer kann die Formen ertasten und die Paare zuordnen?

BASTELMATERIAL

graue Knetmasse, die an der Luft trocknet; Gegenstände mit unterschiedlichen Formen und Strukturen, z.B. Muscheln, Obststeine, Glaskugeln; 3 Platten aus starkem Karton, ca. 9 x 9 cm, z.B. Bierdeckel; Bleistift; Lineal; Messer

BASTELANLEITUNG

Auf eine Kartonplatte ein Quadrat von 4 x 4 cm zeichnen. Eine hühnereigroße Kugel aus Knetmasse drauflegen und mit Hilfe zweier weiterer Platten zu einem Würfel mit einer Kantenlänge von 4 cm formen.
Den Würfel mit dem Messer halbieren.
In eine Hälfte einen Gegenstand, beispielsweise ein Schneckenhaus, drücken, danach die andere Hälfte von oben aufdrücken und vorsichtig wieder lösen. Beide Teile trocknen lassen.

SPIELVORSCHLÄGE

Mitspieler: einzelne Kinder oder Gruppen ab 4 Jahren
Spielmaterial: Positiv- und Negativformen

1. Die Kinder ertasten der Reihe nach mit geschlossenen Augen einen Abdruck und suchen den dazugehörenden Gegenstand. Oder umgekehrt. — Wer findet die meisten Paare?

2. Eine Form mit einem Abdruck geht reihum. Mit geschlossenen Augen tasten ihn die Kinder ab. — Dann dürfen sie die Augen öffnen. Wer erkennt zuerst den passenden Gegenstand?

3. Wieder geht eine Form mit einem Abdruck reihum, und die Kinder tasten mit geschlossenen Augen. — Wer nennt zuerst den passenden Gegenstand?

Was haben Augen und Finger gemeinsam?

Wenn wir eine Muschel anschauen, dann sehen wir, wie groß sie ist und welche Form sie hat. Das gleiche können wir feststellen, wenn wir sie mit den Händen abtasten. Die Form und die Größe der Muschel können wir aber nicht riechen, nicht schmecken und auch nicht hören.
Nur durch Sehen oder Tasten erfahren wir, ob etwas groß oder klein ist, dick oder dünn, rund oder eckig; ob etwas glatt ist wie eine Murmel oder gerillt wie eine Muschel.
Durch Sehen erkennen wir Sachen meist schneller als durch Tasten. Denn wir haben mehr Übung im Sehen. Schließlich schauen wir viele Sachen nur an, ohne sie anzufassen.
Wenn wir ein Ding abtasten, erkennen wir es leichter, wenn es uns vertraut ist. Eine Muschel und ein Schneckenhaus, eine Murmel und eine Nuß haben wir schon gesehen und auch befühlt. Tasten wir solch ein Ding ab, versuchen wir uns vorzustellen, wie es wohl aussieht. Und wenn das Bild, das wir im Kopf haben, zu dem paßt, was wir mit den Fingern fühlen, dann wissen wir: Es muß eine Muschel sein. Oder: Es muß eine Nuß sein.
Viel schwieriger ist es, einen Abdruck zu ertasten und sich vorzustellen, welches Ding in diese Vertiefung passen könnte. Auch das ist Übungssache. Denn normalerweise greifen wir eben die richtigen Dinge an und nicht die hohle Form, die ein Ding beim Abdruck hinterläßt. So kennt sich unser Tastsinn mit Muscheln und Murmeln natürlich besser aus als mit dem Abdruck von Muscheln und Murmeln.

TASTBOX

**Die Hände tasten in der Box nach Formen.
Was mag das sein? … Ein Dreieck? … Nein … ein Stern! Stimmt's?
Die Hände schieben die Form durch das passende Loch –
und jetzt können sich auch die Augen überzeugen!**

BASTELMATERIAL

Schuhkarton; Packpapier; Moosgummi, 2 mm stark; Regenbogenpapier; Schere, Cutter oder Silhouettenschere; Kleister; Klebstoff

VORLAGEN

Siehe Seite 102: Formen 103 – 112

BASTELANLEITUNG

Spielformen aus Moosgummi ausschneiden. Eventuell auch zwei Formen aufeinanderkleben, so bekommen sie mehr Stabilität.
Aus dem Deckel des Schuhkartons zehn entsprechende Formen herausschneiden. In die Seitenteile Eingriffslöcher mit einem Durchmesser von 7 cm schneiden.
Den Karton mit Packpapier bekleben. Mit einer feinen Schere die Formen und die Eingriffslöcher von innen anstechen, das Packpapier zu den Rändern hin einschneiden, nach hinten umschlagen und ankleben.
Schmuckformen aus Regenbogenpapier ausschneiden und auf die Vorderseite des Kartons kleben.

SPIELVORSCHLÄGE

Mitspieler: 1 oder 2 Kinder ab 3 Jahren
Spielmaterial: pro Kind 1 Karton mit Spielformen

1. Die Formen liegen im geschlossenen Karton. Ein Kind greift mit beiden Händen durch die Löcher an den Seiten und ertastet die Formen, ohne sie zu sehen. Dann schiebt es sie durch die jeweils passende Öffnung nach außen.

2. Mit zwei Kartons können größere Kinder das gleiche auch als Wettspiel auf Zeit spielen.

3. Kleinere Kinder können das Spiel auch „umgekehrt" machen: Die Formen liegen sichtbar ausgebreitet auf dem Tisch. Das Kind nimmt eine Form, sucht die entsprechende Öffnung im Deckel und wirft die Form von außen in die Schachtel.

Was können uns nur die Finger sagen?

Um herauszufinden, welche Form in welches Loch der Schachtel paßt, können wir die Formen anschauen und mit den Löchern vergleichen. Wenn wir die Sternform anschauen, sehen wir, daß sie in das Sternloch paßt. Und der Kreis in das Kreisloch. Das gleiche können wir auch herausfinden, wenn wir Formen und Löcher mit verbundenen Augen abtasten.
Durch Tasten erfahren wir aber noch mehr. Wir erfahren Dinge, die uns die Augen nicht sagen. Wenn wir zum Beispiel einen Stein aufheben, spüren wir das Gewicht. Durch Hinschauen würden wir nicht erkennen, wie schwer er ist. Und hätte der Stein hätte zuvor in der Sonne oder im Kühlschrank oder im Wasser gelegen, so könnten wir das nur fühlen. Umgekehrt können wir durch Betasten niemals herausfinden, welche Farbe der Stern oder der Stein hat. Dazu brauchen wir die Augen.

MIT HÄNDEN UND FÜSSEN

Ganz vorsichtig wird ein Fuß vor den anderen gesetzt. Damit die Füße auch genau spüren, worauf sie treten: auf Fell oder Schmirgelpapier, auf Filz oder Leder oder Pappe …

Warum sind wir an den Fußsohlen so empfindlich?

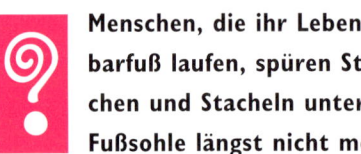 Menschen, die ihr Leben lang barfuß laufen, spüren Steinchen und Stacheln unter der Fußsohle längst nicht mehr. Die Haut hat sich an das dauernde Drücken und Reiben gewöhnt, und die Fußsohle ist unempfindlich geworden. Über die weiche Haut ist eine harte, Schicht gewachsen, die man Hornhaut nennt. Die Haut an der Fußsohle ist nun zäh wie Leder.

Früher sind alle Menschen barfuß gelaufen. Nur in kalten Gegenden hat man sich Felle oder Stoffe um die Füße gewickelt. Bei Naturvölkern in warmen Ländern gehen die Menschen auch heute noch barfuß.

Wir dagegen tragen beim Laufen fast immer Socken und Schuhe, die unsere Fußsohlen schützen. Deshalb sind die Fußsohlen so weich und empfindlich. Wir spüren genau, ob wir auf einem glatten oder rauhen, harten oder weichen Boden laufen.

Auch an den Händen kann sich die Haut mit der Zeit verändern. Ein Gärtner kann stundenlang mit der Schaufel arbeiten, ohne Schmerzen zu bekommen. Ein Anfänger dagegen hat bald Blasen an den Händen. Durch das Drücken und Reiben löst sich die obere weiche Hautschicht ab, und darunter sammelt sich Luft oder Flüssigkeit. Es tut besonders weh, wenn die Blasen aufgehen. Mit der Zeit aber gewöhnen sich die Hände an die Arbeit, und es bilden sich Schwielen, und eine Hornhaut wächst.

BASTELMATERIAL

Fotokarton; Moosgummi; dicker Filz; Fellstoff; Velourslederimitat; Schmirgelpapier; evtl. weitere Materialien mit gut tastbarer Oberfläche; Fadengummi; Lochzange oder Locher; Schere

VORLAGEN

Siehe Seite 102: Teile 113 – 115

BASTELANLEITUNG

Für alle Teile Schablonen aus Fotokarton anfertigen.

Die größeren Fuß- und Handformen auf Moosgummi übertragen. Die kleineren Formen auf verschiedene Materialien übertragen: Von einem Material werden jeweils zwei Füße und eine Hand gebraucht.

Alle Formen ausschneiden, dann die Fuß- und Handteile aus Moosgummi mit den kleineren Teilen bekleben. Etwa dreißig Minuten pressen. Die Maskenteile ebenfalls aus Moosgummi ausschneiden und nach dem Zusammenkleben pressen. Schließlich noch Fadengummi anbringen.

SPIELVORSCHLÄGE

Mitspieler: 2 oder mehr Kinder ab 4 Jahren
Spielmaterial: Spielfüße und -hände

1. Die Fußpaare liegen hintereinander aufgereiht. Der Spieler trägt eine Maske. Barfuß betritt er das erste Fußpaar. Er erzählt, welches Material er mit den Füßen fühlt. So geht er alle Paare ab.

2. Der Spieler bekommt eine Spielhand in seine linke Hand. Mit der rechten Hand betastet er das Material, geht die Füße nacheinander ab und bleibt dort stehen, wo er das gleiche Material fühlt.

3. Diesmal werden Fußpaare aus verschiedenen Materialien ausgelegt.
Jüngere Kinder bekommen eine Spielhand, tasten das Material und bleiben auf dem Fuß stehen, der das gleiche Material aufweist. Ältere Kinder beschreiben: „Unter meinem linken Fuß fühle ich Filz, unter meinem rechten Schmirgelpapier."

4. Der Spieler betritt ein Fußpaar aus gleichem oder unterschiedlichem Material. Nacheinander werden ihm Hände zugereicht, bis er das entsprechende Material fühlt.

GEDÄCHTNISSPIELE

Bei diesen Spielen braucht man Fingerspitzengefühl. Aber auch ein gutes Gedächtnis. Denn man muß sich merken, wo die Finger was gespürt haben.

SCHACHTEL-SPIELE

BASTELMATERIAL

etwa 10 Käseschachteln (paarweise), 9 cm Ø; Wellpappe; Reste von Seidenpapier, Schnur, Stoff, Pelz o.ä.; Klebstoff; Schere

BASTELANLEITUNG

Die runden Kartonscheiben aus den Käseschachteln lösen, auf die Rückseite der Wellpappe kleben und ausschneiden. Scheiben dann wieder in die Käseschachteln einsetzen.
Den Rand der Schachteln mit einem Wellpappstreifen überziehen.
Jeweils in zwei Deckel das gleiche Tastmaterial kleben.

SPIELVORSCHLÄGE

Mitspieler: 2 oder mehr Spieler ab 3 Jahren
Spielmaterial: mindestens 5 Schachtelpaare

1. Die Deckel liegen mit der Wellpappseite nach oben auf der Spielfläche.
Ein Kind sucht einen Deckel aus, hebt ihn leicht an, befühlt die Deckelunterseite und sagt den anderen, was es fühlt. Dann dreht es den Deckel um. Hat es richtig getastet, darf es einen zweiten Deckel befühlen. Paßt er zum ersten, nimmt das Kind beide Deckel zu sich; wenn nicht, kommen sie wieder in die Tischmitte, und der nächste Spieler ist an der Reihe.

2. Das Spiel dauert länger, wenn die Kinder das Material im ersten Deckel nur befühlen, nicht aber benennen und zeigen. Erst wenn sie im zweiten Deckel das gleiche Material spüren, dürfen sie beide umdrehen und zu sich nehmen.

3. Bei kleineren Kindern läßt sich das Spiel vereinfachen: Wird das Material in einem Deckel richtig ertastet, darf das Kind ihn zu sich nehmen. Es braucht nicht nach dem Gegenstück zu suchen.

KARTENSPIELE

BASTELMATERIAL

Fotokarton in Grau; Reste von Strukturtapete, Kreppapier, Stoff, Filz, Folie; Klebstoff

VORLAGEN

Siehe Seite 102: Fisch 116

BASTELANLEITUNG

Aus Fotokarton Karten von 8 x 10 cm herstellen, und jeweils zwei Karten mit dem gleichen Material bekleben. Eventuell zu jedem Kartenpaar zusätzlich einen Fisch anfertigen.

SPIELVORSCHLÄGE

Mitspieler: 2 oder mehr Kinder ab 4 Jahren
Spielmaterial: Kartenpaare bzw. Einzelkarten mit entsprechenden Fischen, evtl. Tuch

1. Karten mit der beklebten Seite nach unten legen. Der erste Spieler betastet eine Karte, beschreibt, was er fühlt und deckt sie auf. Nun befühlt er eine zweite Karte. Ist das Material gleich, nimmt er beide zu sich.
Wer findet die meisten Paare?

2. Gespielt wird mit Einzelkarten und Fischen aus dem gleichen Material. Die Fische liegen unter einem blauen Tuch versteckt.
Jedes Kind hat die gleiche Anzahl Karten in einem Stapel vor sich. Reihum befühlen die Kinder die oberste Karte und tasten dann nach dem passenden Fisch. (Eventuell Zeitvorgabe.) Richtig erkannte Fische werden in der Tischmitte aufgereiht. — Das Spiel ist zu Ende, wenn die Fischreihe vollständig ist.

Was passiert, wenn die Beine einschlafen?

 Die Augen können wir schließen. Die Nase können wir uns zuhalten. Aber den Tastsinn können wir nicht so einfach ausschalten. Sobald wir etwas anfassen, spüren wir es.

Wie wichtig das ist, merken wir erst, wenn der Tastsinn einmal nicht funktioniert. Das ist sehr unangenehm und passiert zum Glück nur selten, zum Beispiel bei strenger Kälte. Da kann es vorkommen, daß die Hände gefühllos werden. Dann sind die Fühler auf der Haut taub, und wir haben kein Gefühl für die Dinge, die wir anfassen.

Etwas Ähnliches geschieht, wenn die Beine einschlafen. Das kann passieren, wenn wir zu lange in einer unbequemen Stellung auf dem Boden hocken. Dann drückt unser Gewicht auf die Nervenleitungen, die an den Beinen zwischen Haut und Knochen liegen. Die Nerven können die Signale nicht mehr so gut vom Bein zum Kopf leiten, und das Gehirn erfährt nicht, was in den Beinen los ist. Sie fühlen sich merkwürdig fremd und taub an. Wir können sogar hineinkneifen, ohne daß es wirklich weh tut. Und beim Aufstehen ist es schwierig, einen Fuß vor den anderen zu setzen. Langsam fangen die Nerven dann wieder an zu arbeiten, es kribbelt in den Beinen, und das Gefühl kehrt zurück.

Vorlagen	auf Seiten
1-5	102/103
6-10	104/105
11-13	106/107
14-22	108/109
22-32	110/111
33-53	112/113
54-87	114/115
88-115	116/117

Schnitt

Faltlinie

aufgeklebte Form

Klebefläche

5b

5d

5c

4b

5e

3b

2

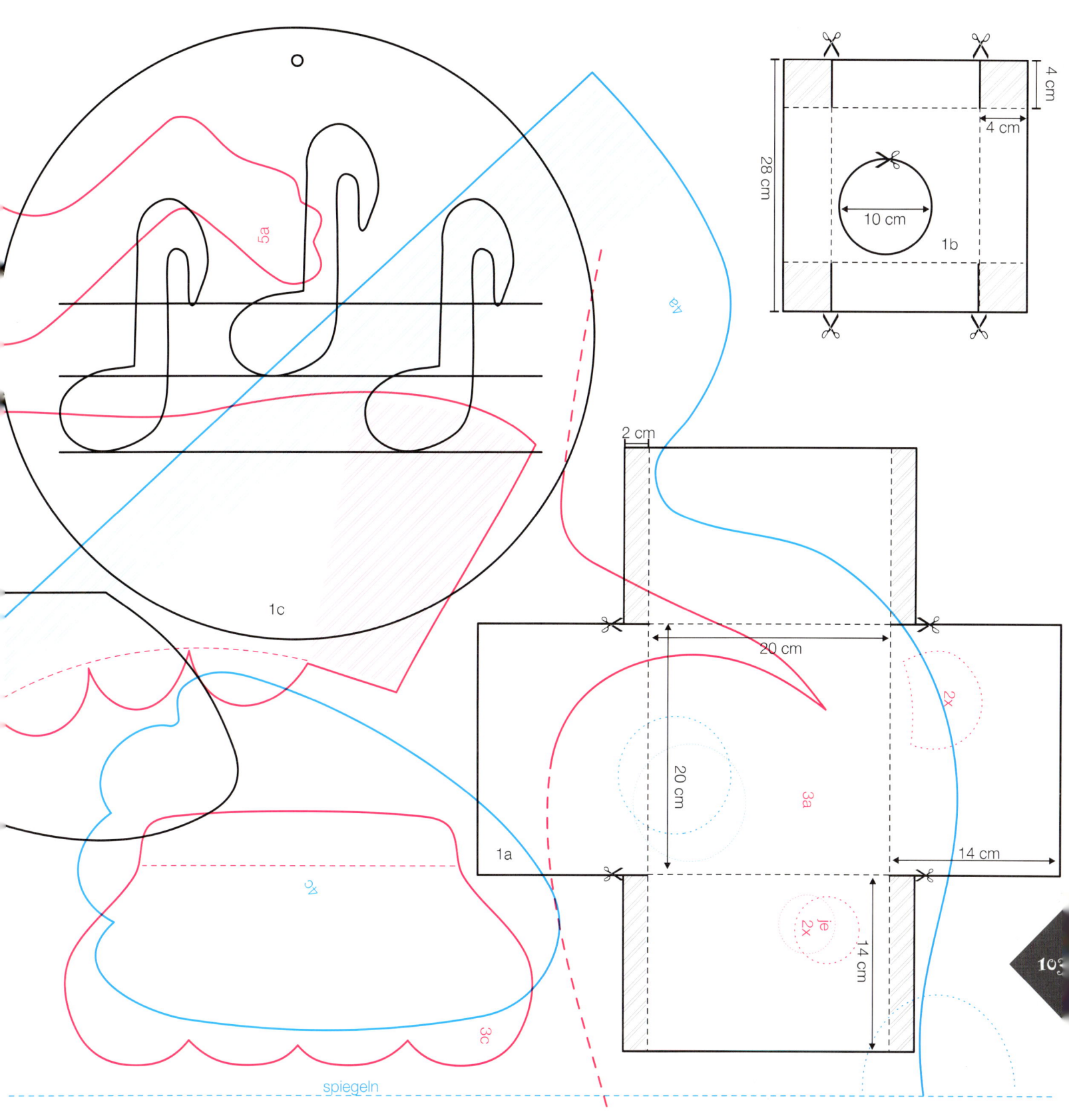

4 cm

4 cm

28 cm

10 cm

1b

2 cm

20 cm

20 cm

14 cm

14 cm

2x

je 2x

3a

1a

1c

5a

3c

4c

spiegeln

105

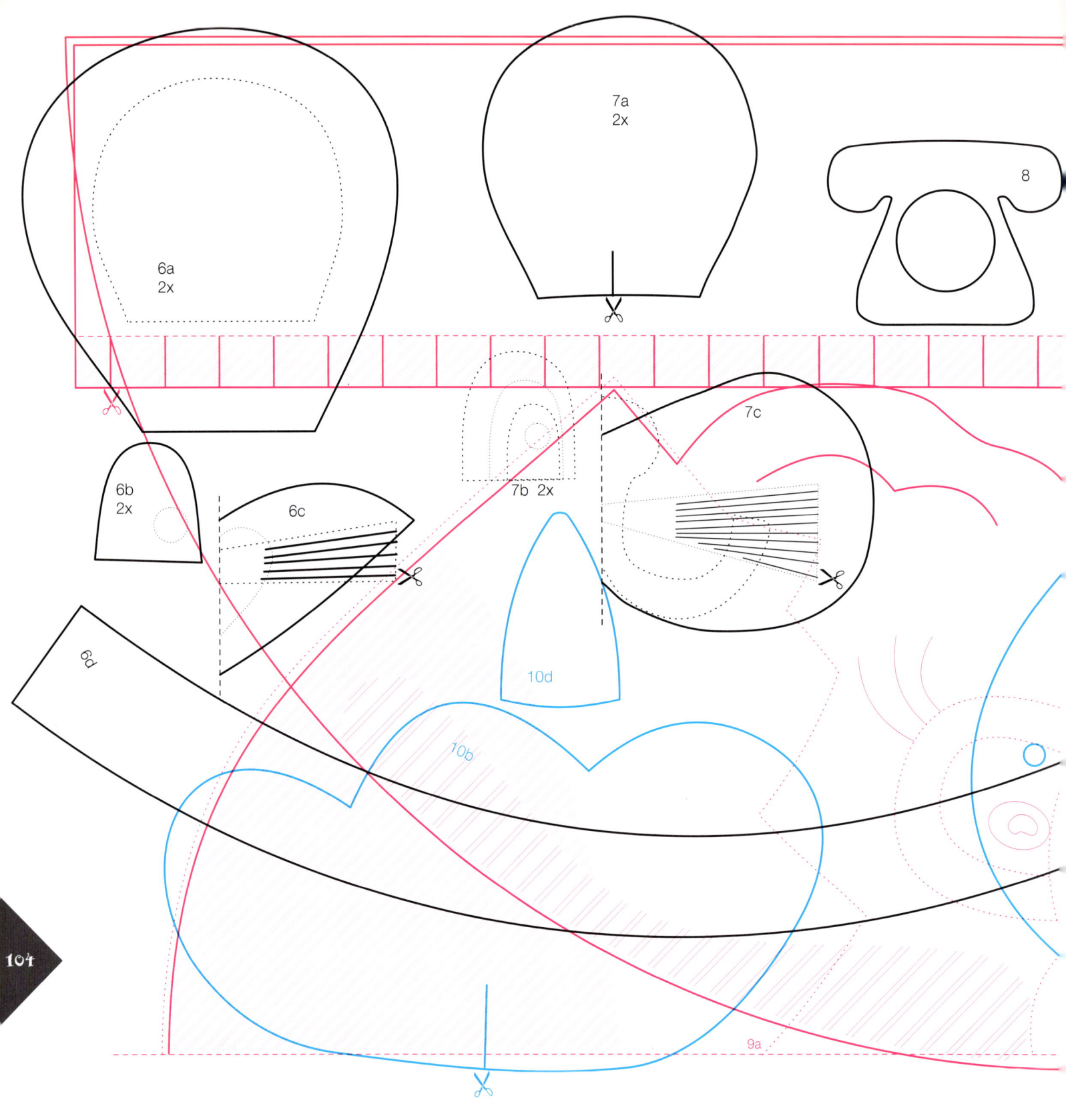

6a
2x

7a
2x

8

6b
2x

6c

7b 2x

7c

6d

10d

10b

9a

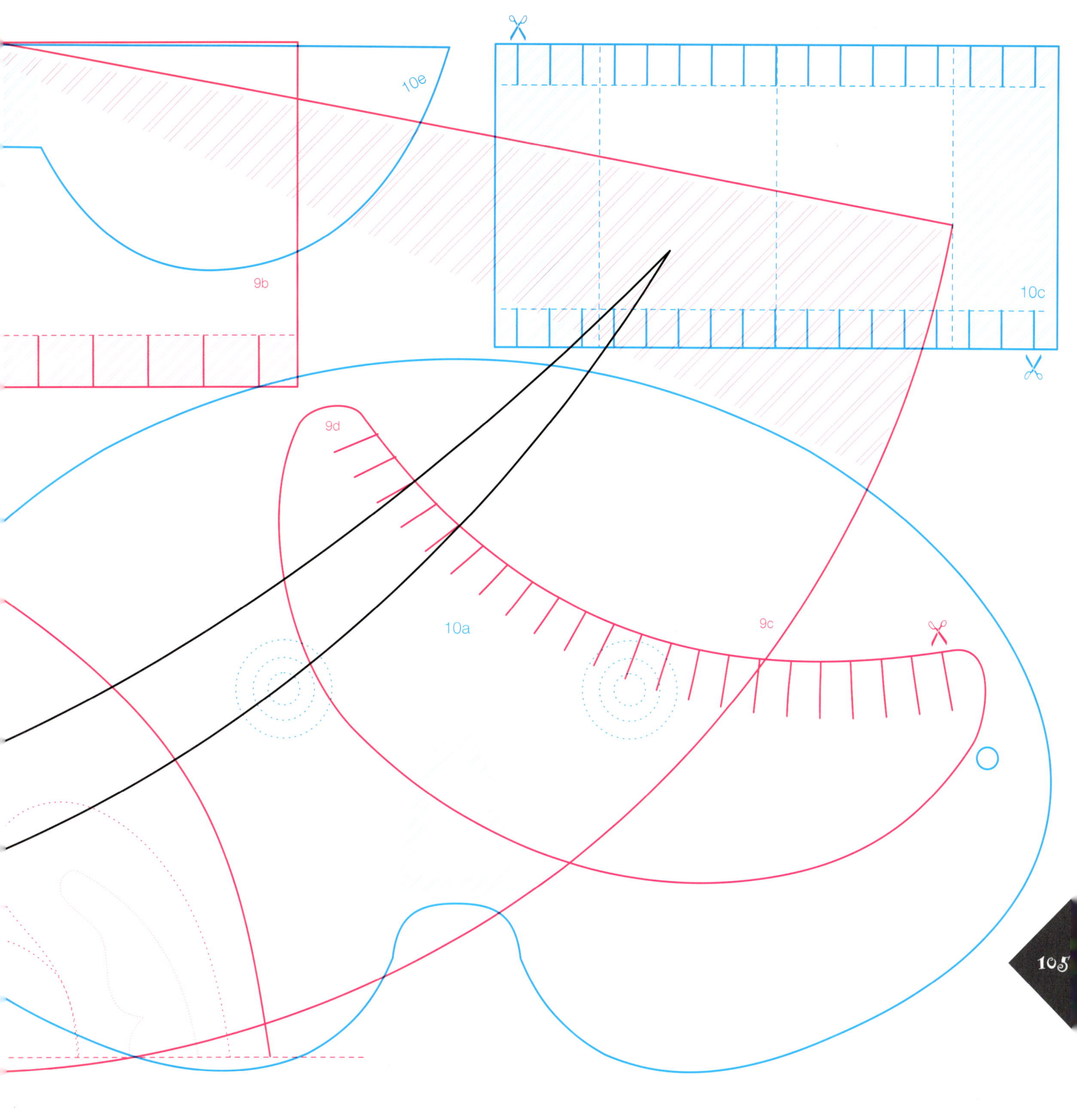

10e

9b

9d

10a

9c

10c

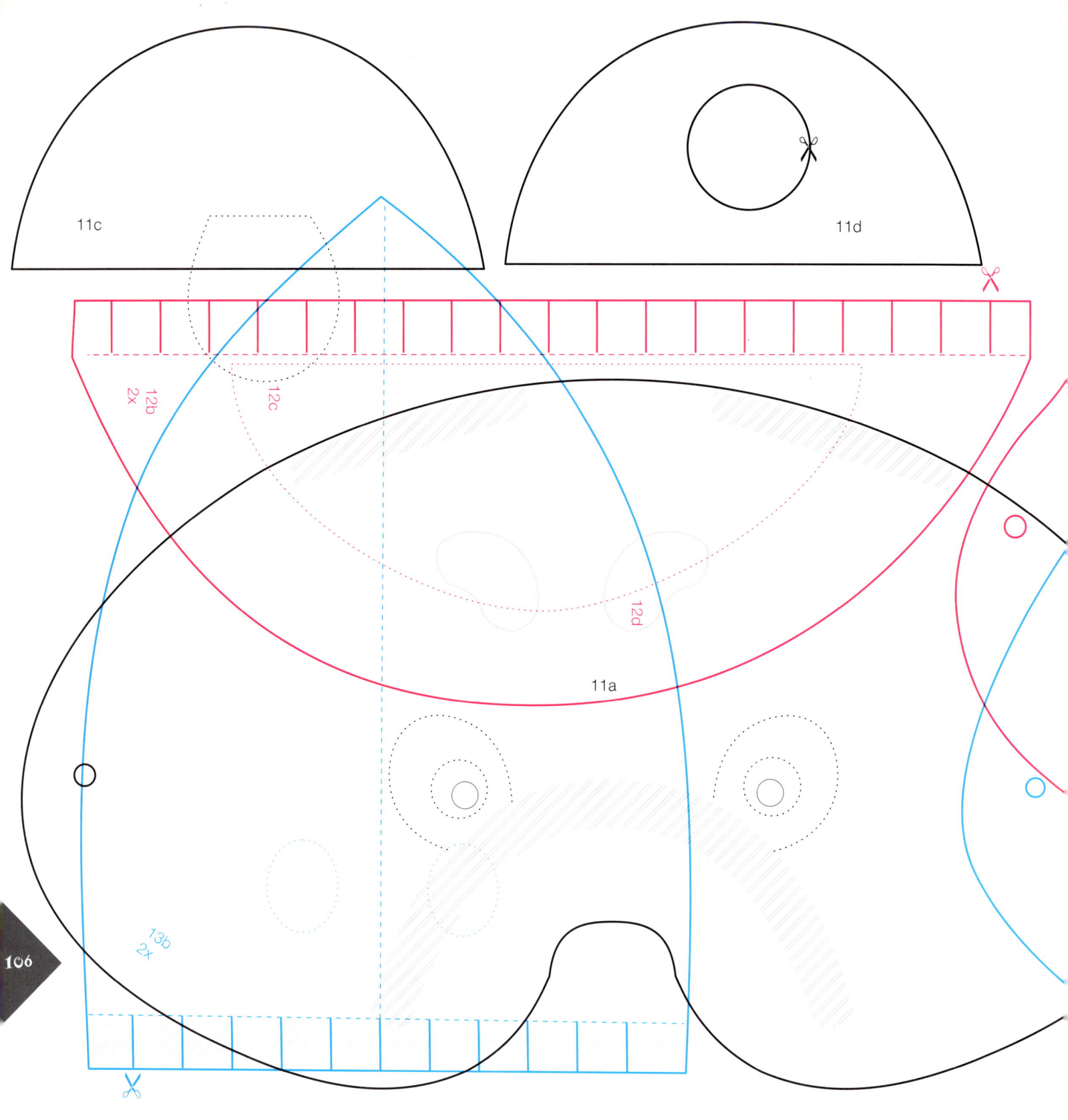

11c

11d

12b
2x

12c

12d

11a

13b
2x

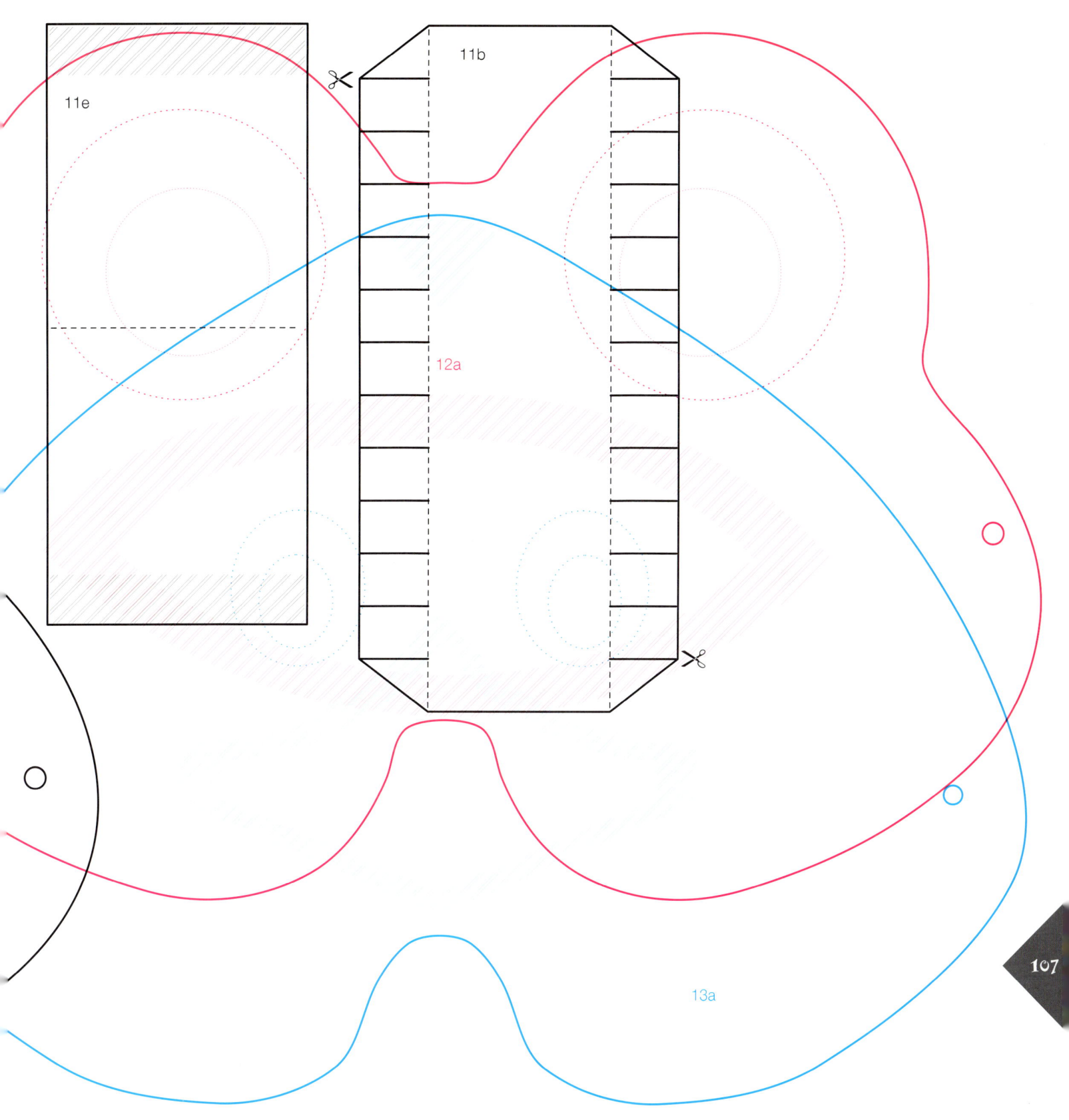

11e

11b

12a

13a

21b

22a

21c

21a

15a

20b

15b

20a

19

14d

14a →

14b

14c

15c

18

17

16

109

31

22c
6x

22b
5x

30

32

25

23a
5x

23b
5x

23c
5x

23d
5x

23e
5x

24b

28

27

24a

26

24c

29

24d

111

45

52

39

33

41

35

48

49

50

34

47

37

36

40

53

46

51

44a

42

44c

43b

43a

44b
je 2x

38

43c

113

57

84

77

82

74

64

56a

87

56b

55d

56c
je 2x

55a

85

65

79

55c

55e
5x

55b

66

81

67

73

68

83

11⁴

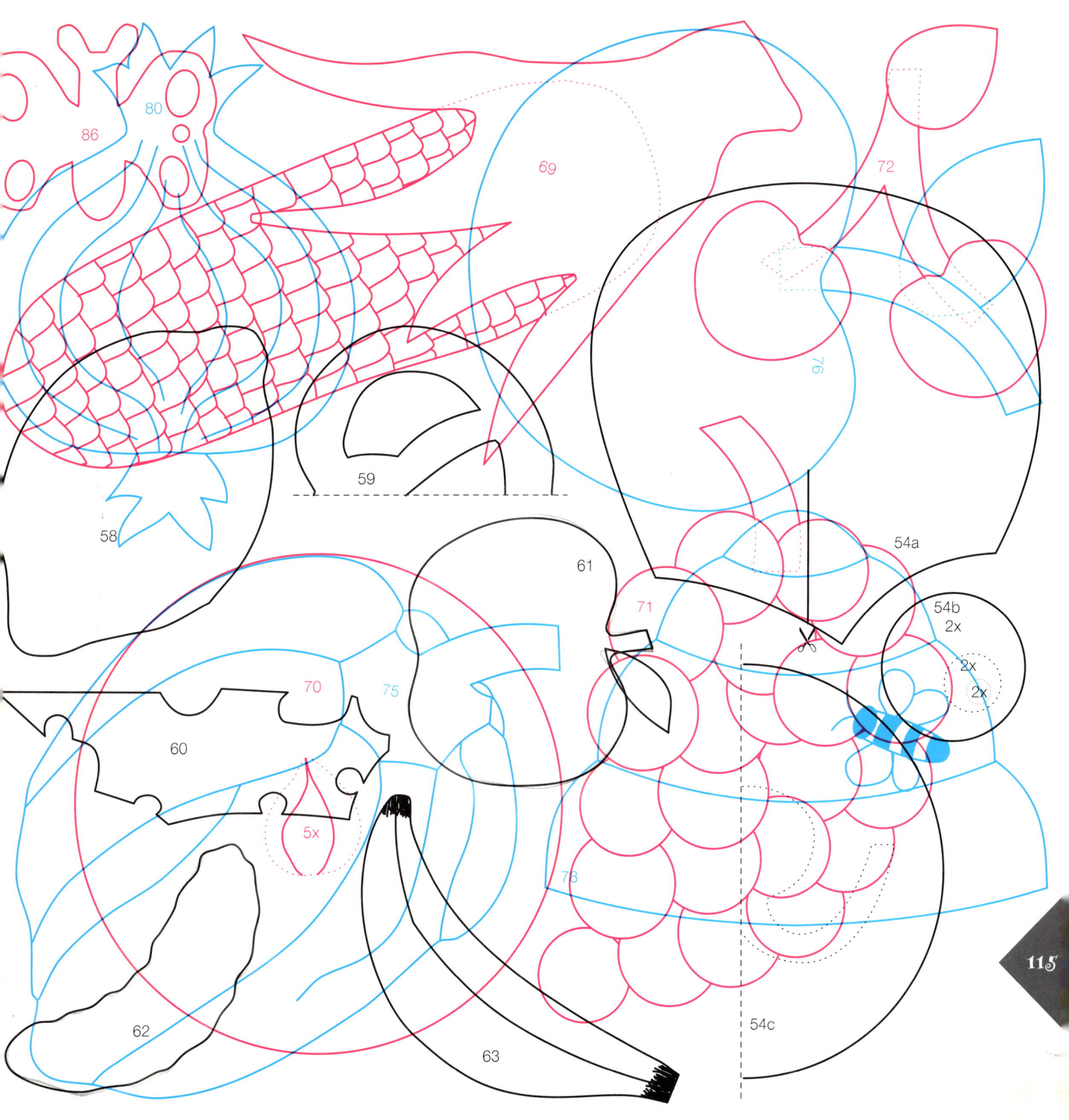

86

80

69

72

76

59

58

54a

61

71

54b
2x

2x
2x

70

75

60

5x

78

62

63

54c

115

88a
113
89a
90a
88b
89b
102b
90b
100
92a
91a
93a
102d
94a
95a
96a
3x
102a
96a
97a
101d
102c
98a
99a
91b
92b
93b
94b
96b
116
97b
98b
99b
95b

Hier zeigen wir Ihnen eine Auswahl unserer beliebten und
erfolgreichen Bücher - und wir haben noch viele andere im Programm.
Wir informieren Sie gerne,
fordern Sie einfach unsere Themenprospekte an:

■ Bücher für Ihre Kinder:

Basteln, Spielen und Lernen mit Kindern

Wir sind für Sie da, wenn Sie
Fragen zu AutorInnen, Anleitungen
oder Materialien haben.
Und wir interessieren uns für Ihre
eigenen Ideen und Anregungen.
Faxen Sie, schreiben Sie oder
rufen Sie uns an.
Wir hören gerne von Ihnen!
Ihr Christophorus-Verlag

Hermann-Herder-Straße 4
79104 Freiburg i. Breisgau
Telefon: 0761 / 2717-268 oder
Fax: 0761 / 2717-352

Bücher zum textilen Handarbeiten:
Sticken, Häkeln und Patchwork

Bücher für Ihre Hobbys:
Stoff- und Seidenmalerei, Malen und
Zeichnen, Keramik, Floristik

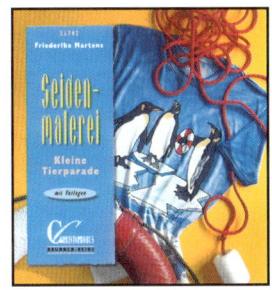

Die Autoren

Von **Norbert Landa** stammen die Fragen und Antworten in diesem Buch. Der gebürtige Österreicher, Jahrgang 1952, hat Philosophie studiert und Journalismus gelernt. Seit über zehn Jahren schreibt er fast ausschließlich für Kinder. Seine mehr als fünfzig Bilder- und Sachbücher wurden in viele Sprachen übersetzt.
Bei Christophorus hat Norbert Landa zusammen mit anderen Autoren bereits mehrere Bücher veröffentlicht:

- „Auf und ab & hin und her
  Basteln — bewegen — begreifen"
- „Kinder machen Theater
  Spiele und Stücke, Kostüme und Kulissen"
- „Wir machen Fingerspiele
  Neue Reime, Spiele, Puppen"

Cornelia Benz lebt zusammen mit ihren zwei Kindern und ihrem Mann in Karlsruhe. Sie ist als Krankengymnastin tätig. Nebenbei beschäftigt sie sich seit vielen Jahren intensiv mit Bastelarbeiten für Kinder. Dazu hat sie im Christophorus-Verlag bereits mehrere Titel veröffentlicht.
Für das Buch „Mit allen Sinnen" hat sie die Objekte auf den Seiten 16/17, 26/27, 68/69 und 96/97 entworfen.

Ingrid Moras wohnt mit ihrer Familie bei Kaufbeuren. Nach mehrjähriger Tätigkeit als Lehrerin für Grund- und Hauptschulen arbeitet sie nun ausschließlich auf kreativem und künstlerischem Gebiet. Hier ist sie als Autorin erfolgreicher Anleitungsbücher für Seiden- und Stoffmalerei und für Bastelarbeiten zu den unterschiedlichsten Themen bekannt geworden. Sie hat bereits mehr als dreißig Bände bei Christophorus herausgebracht.
In diesem Buch stammen von ihr die Bastelarbeiten auf den Seiten 20/21, 38–41, 44/45, 48–51, 54–59, 64–67.

Ursula Ritter ist Erzieherin und leitet einen Kindergarten in Endingen am Kaiserstuhl. Bei ihrer Arbeit mit Kindern, aber auch im Rahmen freiberuflicher Tätigkeiten bildet das Gestalten mit Papier einen besonderen Schwerpunkt. Seit mehr als zwanzig Jahren gibt sie Kurse über bildhaftes Gestalten und handwerkliche Techniken. Im Christophorus-Verlag sind von ihr bereits über dreißig sehr erfolgreiche Publikationen zu verschiedenen Bastelthemen erschienen.
Für diesen Band hat sie sich die Spielsachen und Spiele auf den Seiten 18/19, 22–25, 42/43, 70/71, 76/77, 88–95 und 100/101 ausgedacht.

Andrea Seifert ist gelernte Kinderpflegerin und Erzieherin. Seit vielen Jahren leitet sie einen Kindergarten in der Nähe von Gießen. Lange Zeit war sie nebenbei als Referentin für Kindertagesstätten tätig. Jetzt widmet sie sich als Autorin für kreative Themen verstärkt der Verlagsarbeit. Bei Christophorus hat sie bereits mehrere Bände mit Bastelvorschlägen für Kinder veröffentlicht.
Von ihr sind die Spielsachen und Spielideen auf den Seiten 14/15, 28–33, 46/47, 52/53, 72–75, 78/79, 84–87, 98/99.

© 1995 Christophorus-Verlag GmbH
Freiburg im Breisgau

Alle Rechte vorbehalten
Printed in Germany

ISBN 3-419-52837-X

6. Auflage 1998

Jede gewerbliche Nutzung der Arbeiten und Entwürfe ist nur mit Genehmigung der Urheber und des Verlages gestattet.
Bei Anwendung im Unterricht und in Kursen ist auf dieses Buch hinzuweisen.

Fotos und Styling: Roland Krieg, Waldkirch
Fotos Seite 10, 34, 60, 80: Horst Burggraef, Krummesse
Zeichnungen: Uwe Stohrer, Norsingen
Umschlagfoto: Roland Krieg, Waldkirch
Umschlaggestaltung: Network!, München
Layout und Gesamtproduktion. IMPRESS, Haar bei München
Herstellung: Druckhaus Beltz, Hemsbach